マクラメ
ハンギングの
教科書

3つのステップでわかる
結びのきほんとテクニック

X-Knowledge

マクラメのこと

「マクラメ」とは、ひもを結んで
さまざまな装飾的な模様を作る技法の名前で、
その語源はアラビア語の
「ムクラム」（交差して結ぶという意味）とされています。
中世イスラムにて馬の房飾り（フリンジ）から始まったと言われ、
スペイン、イタリアなどヨーロッパを経て世界各地に広まりました。
普及において船乗りらが果たした役割は大きく、
名称はフランス語や英語で共通の綴り
（Macramé／Macrame）で呼ばれるようになりました。
「ひもを結ぶ」というきわめて単純な作業の繰り返しでできる物は、
ミサンガなどのアクセサリーやレースにとどまりません。
バッグやタペストリーなど立体や大きな物も作ることができます。

日本でも身近なマクラメ

古くは法隆寺宝物において見られ、茶道具の茶壺の網袋などで用いられてきたマクラメが手芸として日本で広まったのは、西洋文化が入ってきた明治以降のこと。大正時代には書物が出版され、女性たちの間で親しまれました。針を使わず独特の模様ができるマクラメはたびたび人気になり、顕著なものに1990年代のサッカーファンを皮切りに流行したミサンガがあげられます。近年では植物を吊り下げるプラントハンガーが話題を集めました。

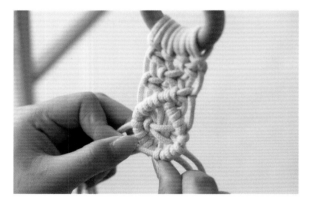
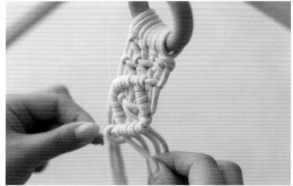
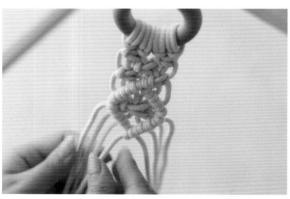
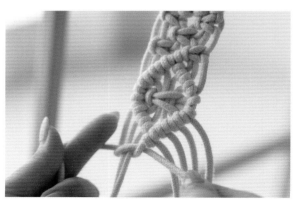

ひもを結んでは引き締める、作業はこの繰り返し。ひとつひとつの結び目が合わさって模様が生まれます。

結ぶときは、ひもが緩まないように物など
に掛けます（草履作りのように足の指
にかける方法もあります）。机の上で作
業する場合は、重しをのせたり、クリッ
プではさんで固定します(→P.59)。

材料や道具のこと

主にメインとなる材料のひもの他、

本書で使用する道具は、いたってシンプルです。

いろいろな道具を一式揃える必要はありません。

はさみ、手芸用鉗子、メジャーがあれば、始められます。

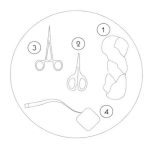

① **ひも**…素材や太さの違いよって何種類かあります。
　　詳しくは → P.10,55

② **はさみ**…ひもをカットするのに使います。

③ **手芸用鉗子**…ひも端を始末する際、ひもをはさんで
　　結び目の中に引っ張り込みます。　→P.80-4

④ **メジャー**…ひもの長さを測ります。

結びの間隔を揃えたり、しっかりと固定するには、さらに目盛りつきのボードとピンがあると便利です。入門書となる本書では、これらの道具を使わずに作れるものを紹介します。

ボード

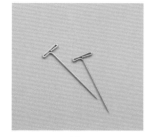

ピン

マクラメで
作れるもの

マクラメによるさまざまな制作物の中で、
魅力的な物のひとつが、ハンギンググッズです。
インテリア性に優れた装飾的なひもで吊るすと、
収納グッズとして活躍するだけではなく、
ディスプレーのようにアイテムを引き立てます。
マクラメの材料であるひもは、
自然素材はもちろん無機的な素材にも馴染むので
インテリアに取り入れやすいのも魅力です。
本書では、マクラメの入門として、
そうしたハンギング小物を主に紹介します。

（ひも）

一方向に長く結ぶだけで装飾的なひもに。

（袋）

輪につなげば立体物も作れる。

（タペストリー）

複数の結びを連ねると複雑な模様ができる。

吊るして使う、飾る
ハンギング・インテリア

ひもでできたソフトな形状は、収納する物の形にしっかりフィット。丸めたり、畳んでコンパクトにできるため、持ち運びや片付けもスムーズです。

立体感のある結びの模様は、彫刻のように陰影が浮かび上がり、吊るしているだけで空間をおしゃれに。インテリアにおいて飾りと実用の両面を兼ね備えています。

鉢やドームを吊り下げると、低い位置に比べて照明や窓から入る光に照らされて引き立ちます。子供やペットの届かない位置に飾れるメリットもあります。

作品作りの前に―

マクラメを知るQ&A

「マクラメのことがまだよくわからない」、

「自分にもできる?」そんなはじめての人が抱く素朴な疑問や、

もっと知りたいあれこれをまとめました。

(回答：marchen art studio)

Q 不器用でもできる？力が要る？

A 靴ひもを結ぶ時にしている「蝶々結び」や風呂敷を縛る「固結び」も結びの一種です。結ぶ行為は日常で誰でもしていることなので、難しいものではないと思います。ただ、作品として美しく完成させるコツはあり、それは同じ力加減で結ぶことです。ゆる過ぎるとほどけてしまうため、結び目がゆるまない程度の力加減は必要です。

Q ひもの種類は？選び方は？

A ひもには「撚りひも」「組みひも」「打ちひも」等があり、これらは作りたい作品のイメージや用途によって使い分けます。それぞれ次のような特長があります。

「撚りひも」は糸に撚りをかけたもので、表面に凹凸があり、ボリュームが出ます。ひも端が簡単にほぐれるので、フリンジにしたい時には最適です。

「組みひも」は細い糸を組んだもので、表面が滑らかで結びやすく、初心者におすすめです。ひも端はほぐれにくく、切りっぱなしでも大丈夫です。中心に空洞がある場合もあるのでワイヤーを入れて使うこともできます。

「打ちひも」は外側を組んでチューブ状にした中に芯を入れたものです。作品によっては中の芯を抜いてテープ状にするような使い方もできます。

→ 使用したひもの説明はP.55

撚りひも

組みひも

打ちひも

Q 植物を吊るしたいけど、手入れや吊るし方は？

A 気軽にインテリアに植物を取り入れたい場合は、水遣りが楽なエアプランツや多肉植物、あるいはフェイクグリーンがおすすめです。最近のフェイクグリーンは精巧に作られたものも多く、鉢のデザインもバラエティがあります。これらはマクラメのハンギングで目線より高い位置に吊るすことで本物のように見せることができます。吊るす場所は、重量によりますがカーテンレール、ダクトレールも利用できます。

本書で使用したフェイクグリーン　左／40ページ　右／48ページ

Q 強度はどれくらい？重いものも吊るせる？

A マクラメ用のひもは十分な強度があり、底をしっかり結べばプラントハンギングなどのように、重い鉢を吊るすことができます。作品は複数のひもを使うので、より頑丈で安定しやすくなっています。

Q 汚れたら洗える？ほこりはつきやすい？

A ひもの堅牢度や作品によって洗えないものがありますが、本書で使用したひもは、洗濯ネットに入れて洗えます（木製、金属パーツを使っている場合は手洗いに）。ほこりは静電気が発生するとつきやすいので、化繊よりも本書で使用した天然繊維がおすすめです。素材によっては、23ページ11のジュートコードのように繊維が抜けやすく、衣類についたり舞ったりしやすいものは、袋の中で作業するとよいでしょう。

Q マクラメの結び方の種類は？

A 数え方にもよりますが、現在あるものだけでも200〜300程度と考えられます。その中で、基本的な結び、始末に使われる結び、組ひも系の結び、交差して編み込む結びなどに大きく分けられますが、基本となる結びは、「平結び」と「巻結び」になると思います。本書では、この二つの結びを主に使っています。

平結び　　　巻結び

→ Q&Aの続き（作り方編）はP.68

CONTENTS

★は作品の難易度で、★の数が少ない程簡単です。

STEP 1 線に仕立てる　12

アートディレクション／中村圭介（ナカムラグラフ）
デザイン／樋口万里　鳥居百恵（ナカムラグラフ）
撮影／宮濱祐美子
スタイリスト／駒井京子
作り方イラスト／田中利佳
印刷／シナノ書籍印刷

STEP 2 袋に仕立てる 26

STEP 3 面に仕立てる 44

STEP 1
線に仕立てる

はじめてマクラメの作品を作るなら、まず線状の形から始めてみましょう。
これらは、ひとつの結び方を繰り返すだけ、
あるいは、複数の結びの組み合わせでできる、ひも状、帯状の作品です。
装飾的なひもで吊り下げるとインテリア性が加わり、
アイテムがおしゃれに見えます。

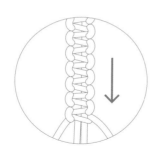

A 進行方向：上から下へ結ぶ

ひも状や細長い形に仕立てる
STEP1の作品は、
基本的にひもを上から下へと
結んで仕立てます。

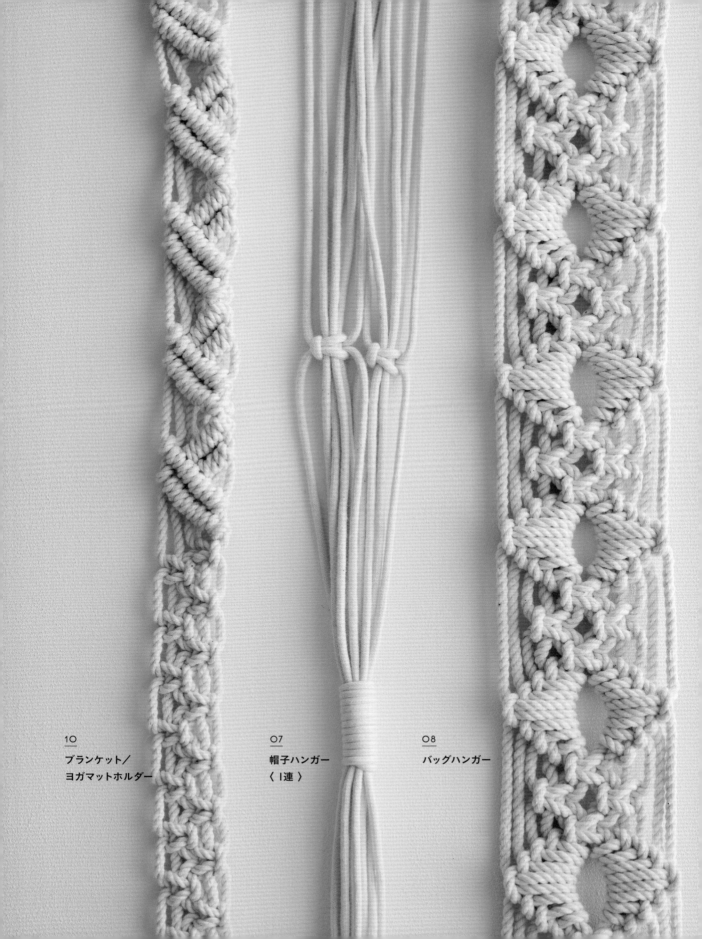

10
ブランケット／
ヨガマットホルダー

07
帽子ハンガー
〈 1連 〉

08
バッグハンガー

01-05

ストラップ

いろいろな結び方を覚えるなら、まずはストラップ作りがおすすめ。右3点のように、他の作品（06,07,21）の模様の一部で作ってみるのもたのしい。ひも端の長さは、取り付けるアイテムに合わせて調整しましょう。

creator : marchen art studio
size : 長さ約10cm〜
lesson : P.16,17
how to : P.70,71

01
ねじり結び

02
平結び

03
**斜め巻結び、
平結び**
※21の模様

04
斜め巻結び
※06の模様

05
**斜め巻結び、
平結びの七宝結び**
※07の模様

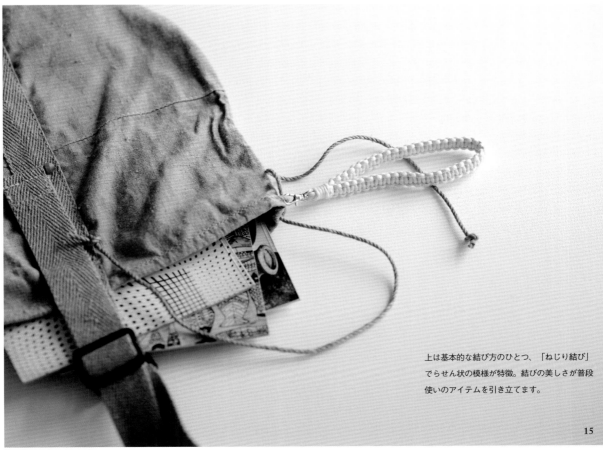

上は基本的な結び方のひとつ、「ねじり結び」
でらせん状の模様が特徴。結びの美しさが普段
使いのアイテムを引き立てます。

平結び（左上平結び）の結び方

すべての結びの基本となるのが「平結び」です。一番最初に覚えましょう。

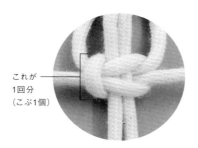

これが
1回分
（こぶ1個）

外側2本が結びひも、
内側2本が芯ひもです

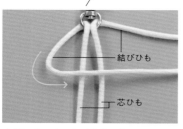

結びひも

芯ひも

1 内側の芯ひも2本（本数は作品によって変わる）を、外側の結びひも2本で結ぶ。まず左の結びひもを4の字に折って重ねる。

2 右の結びひもを上に重ねる。

3 続けて、芯ひもの下を通し、左上に出す。

4 左右の結びひもを引く。これで1/2回。

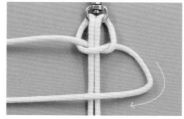

5 今度は1と左右対称に、右の結びひもを逆4の字に折って重ねる。

6 2〜3と左右対称に、左の結びひもを動かし、右上に出す。

7 左右の結びひもを引く。これで1回。

8 2回め以降も同様に左を4の字に重ねてスタートし、1〜7を繰り返す。

こぶ

1
2
3

結び目の数え方
結んだ回数は、
左にできる「こぶ」で数えます。

16

02 平結びのストラップの作り方 (→P.14)

「平結び」を覚えたら、まずはストラップ作りを。

材料
コットンスペシャル3mm（1021生成）
　… 260cm×2本
ミニレバーカン（シルバー・S1070）… 1個

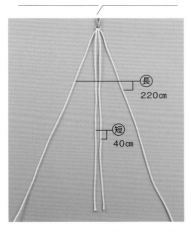

金具側を固定すると結びやすい（→P.59）

長
220cm

短
40cm

1 レバーカンにひもを2本通す。それぞれ
二つ折にして内側は40cm（でき上がり
の長さ30cm＋始末分10cm）にする。

1cm

2 金具から1cmあけて、「平結び」（左
ページ）を30cmの長さになるまで結ぶ。

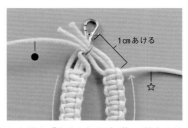

1cmあける

●

☆

3 ひも端を「共糸まとめ結び」で始末する。
端4本の内、長い1本☆は残し、3本を1
cmあけて金具に通す。

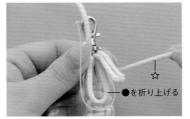

☆
●を折り上げる

4 通した3本を下ろし、その内の長い1本
●を2cmの位置で折り上げる。3で残し
たひも☆で、通したひもごと最初と最後
で1cmあけた部分を上から巻く。

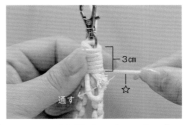

3cm
通す
☆

5 きっちりとすき間があかないように上か
ら1cm巻き、巻いた端を4で折った●の
輪に通す。

●
中に引き込む

6 上側のひも●を引き、通したひもごと輪
を中に引き込む。

7 上下に飛び出たひもをすべてきわでカッ
トし、完成。

06

帽子ハンガー
〈 2連 〉

使用頻度の高い帽子やお気に入りの帽子
は、手の届くところや、玄関などにある
と便利。インテリア性のある飾りひもで
おしゃれに収納でき、フォーカルポイン
トにも。ベースの白に、ブラウンの差し
色を加えるとラインが強調されます。

creator : **ayumin/FiberArt**
size : 長さ約90〜120cm
how to : P.72

O7

帽子ハンガー
〈 1連 〉

スペースや数によっては、1連タイプが
便利。美しく交差するひもが帽子のクラ
ウンを傷めることなく、やさしくはさみ
ます。2連と同様にフリーサイズで使え
るため、ひとつあると便利です。

creator : ayumin/FiberArt
size : 長さ約90cm
lesson : P.58

バッグハンガー

中心に穴があいた模様（拡大写真は13
ページ右端）で、お好みのフックごと
バッグやこもの、ウエア類を掛けること
ができます。美しい連続模様により、何
もかかっていない状態でもタペストリー
のように飾りになります。

creator : **marchen art studio**
size : 長さ約54cm／フリンジ22cm
how to : **P.74**

O9

タオルハンガー

上下にリングがついたハンガーは折り曲げてバーに掛けたり、フックでとめて伸ばして使います。タオル以外に、スカーフやベルトなどを掛けるのもおすすめ。リングの大きさは2種類（直径／左10.5cm、右8cm）あります。

creator：野上京子
size：長さ約35cm（伸ばした状態）
how to：P.75

10

ブランケット／
ヨガマットホルダー

1本の長く結んだひもを輪にくぐらせて
仕立てた、市販品とはひと味違うホル
ダー。ピクニックのレジャーシートなど
筒状に丸められるものなら、同じように
セットして使えます。

creator : Uri
size : 長さ約179cm（使用時約60cm）
how to : P.76

　　　　　　　　輪の大きさは、物に合わせて自由に変えられます。

<u>11</u>

エアプランツハンガー

ジュートコードを使い左右結びした模様
は、南国の木のような佇まい。エアプラ
ンツを飾ると小さなグリーンや花を咲か
せたように見えます。お家の中に自然の
癒しを取り入れて、ほっとする空間作りを。

creator: 中村道子
size: 長さ54cm／フリンジ22cm
how to: P.65, 103

12

カードホルダー

3種類、5本のひもをぶら下げて作る
カードホルダー。ナチュラルな風合いは、
どんなお部屋にもなじみます。季節の植
物をひとつだけぶら下げるなど、タペス
トリー感覚で使ってもおしゃれです。

creator : trico
size : 長さ約50cm
how to : P.78

ひもの間に通したり、2本のひもにまたがって通したり、クリップでとめたりとさまざまな使い方ができます。カードやチケット、写真の他、旅の思い出を自由にコラージュするように飾っても。

STEP 2

袋に仕立てる

線状のひもを袋へと仕立てると、

中に物を入れることができるため、使用範囲がさらに広がります。

立体に仕立てるためには、STEP1のように

一方向に結んでいくだけではなく、平面状のひもを輪にする、

あるいは始めに底部分を作る工程が必要になります。

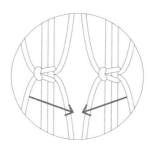

B 進行方向：上から結び、さらに端同士を結ぶ

上から結んだひもの端と端を結ぶことで輪にし、
最後に底部分を仕立てます（右写真）。

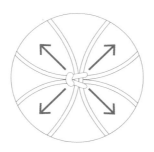

C 進行方向：下から放射状に結ぶ

袋の底部分にあたる下から始め、
上へ向かって放射状に結んで仕立てます。

18
——
バーつき
プラントハンガー

13

簡単ハンギングネット

1時間もかからずできる、簡単な収納
ネット。中に入れる物のサイズに合わせ
て作れ、どんな形でもフィット。鉢やガ
ラス容器の植物はもちろん、おもちゃや
写真のような果物や野菜も吊るせば風通
しよく収納できます。

creator : marchen art studio
size : 60cm程度（写真の作品の場合）
lesson : P.29

13 簡単ハンギングネットの作り方 (→P.28)

すぐに作れて可愛い。
ハンギングネット作りの基本をこの作品で覚えましょう。

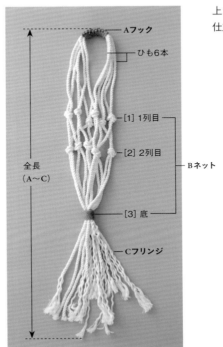

上からA～Cのパーツ順に結んで
仕立てます。

Aフック
ひも6本
[1] 1列目
[2] 2列目
Bネット
[3] 底
全長
（A～C）
Cフリンジ

鉢

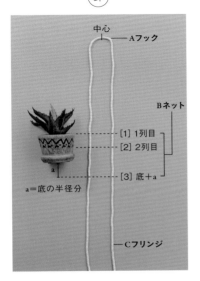

中心
Aフック

Bネット

[1] 1列目
[2] 2列目

[3] 底＋a
a

a＝底の半径分

Cフリンジ

複数の果物

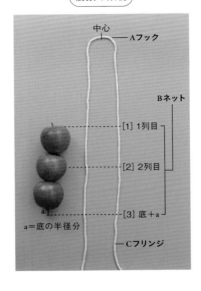

中心
Aフック

Bネット

[1] 1列目

[2] 2列目

[3] 底＋a
a

a＝底の半径分

Cフリンジ

物に合わせてサイズは自在！
ひもの長さの決め方

全長（A～C）の合計×約2倍＋10cm程
（結び分）の長さで、ひもを6本用意し
ます。ひもの長さは次のように決めます。

Aフック、Cフリンジ
B以外のAとCの長さで全長を決めま
しょう。長いとスタイリッシュに、短い
とポップな印象になります。

Bネット部分
物に合わせて［1］は上部、［3］は下
部＋a（底の半径分）、［2］は中間位にし
ます。

材料
本体ひも用コットンコード・ソフト5
　生成（251）… 6本（作品は各160cm）
結びひも用コットンコード・ソフト3
　グリーン（287）
　… 80cm×1本、50cm×1本

Aフック

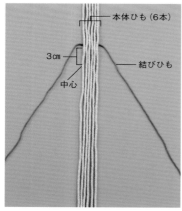

本体ひも（6本）

3cm

中心

結びひも

1 本体ひも6本の中心から3cm上に、結び
　ひも80cmの中心を重ねる。
　※本体ひもは29ページで決めた長さに
　裁つ。

2 本体ひもを芯ひもにして、結びひもで平
　結びをする。→ 平結びP.16

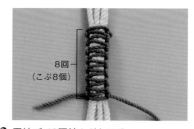

8回
（こぶ8個）

3 平結びで8回結んだところ。

（裏）

4 結び終わりのひも端を始末する。裏に返
　し、鉗子でひも端をはさみ、結び目の中
　に引き込み、くぐらせる。もう1本も同
　様にする。

5 結び目から飛び出した余分なひもをきわ
　でカットする。

Bネット部分

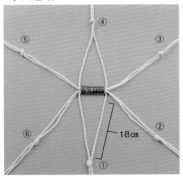

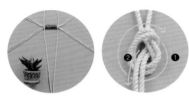

6 ひもを2本ずつ6組に分け、それぞれ1列め（作品は中心から18cmの位置）で2本どりでひと結びをする（①～⑥）。29ページのように物を横に置いて、位置を確認するとよい（左下）。

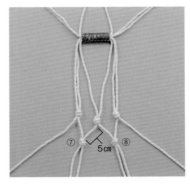

7 2列め（作品は1列めから5cmの位置）は、1列めの隣同士の結び目から左右1本ずつ取り、2本どりでひと結びする（⑦～⑧）。

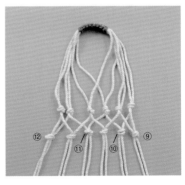

8 同様にして、ぐるりと1周結ぶ（⑨～⑫）。これにより輪につながる。

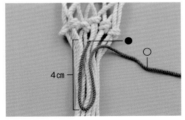

9 底（作品は2列めから8cmの位置）を作る。結びひも50cmの片端を4cm（でき上がり2cm＋上下1cm）折り、底の位置に重ねる。反対側○を上から巻いていく。

10 すき間があかないように、でき上がり分、上からきっちりと巻く。

11 巻いた端○を9で折った輪に通し、反対側の端●を引いて、通したひもごと輪を中に引き込む。

中に引き込む

12 上下の飛び出た余分なひもをきわでカットする。

Cフリンジ

13 ひも端をほぐして表情をつける。長過ぎる場合は、好みの長さでカットする。

14

試験管の
一輪挿しハンガー

試験管を巻結びでくるんだ、優雅な一輪
挿しハンガー。壁掛けだとうっかり倒し
たりする心配がなく、壁面に手軽に彩り
を添えることができます。スペースに合
わせて1個から飾ってもおしゃれ。

creator : Miya
size : 長さ38〜46cm
how to : P.66,80

15

マルチ
ハンギングバッグ

お出かけにも収納にも活躍の叶結びのハンギングバッグは、2wayの持ち手でそのままだとコンパクト（上）、ショルダーを接続すれば長くなります（下）、中が見えるので、子供の持ち物など入れると探すのも簡単です。

creator : aya kurata
size : **本体40cm×20cm、ショルダー75cm**
how to : P.82

16

ミニバスケット

結び目の間隔を詰めると織物のような風
合いに。ミニバスケットにすれば、玄関
先に吊るして小物入れにしたり、エアプ
ランツを入れたりと、小物を可愛らしく
収納できます。08のバッグハンガーに
吊るすなど、組み合わせて使っても。

creator : **marchen art studio**

size : **15×15cm**

how to : **P.81**

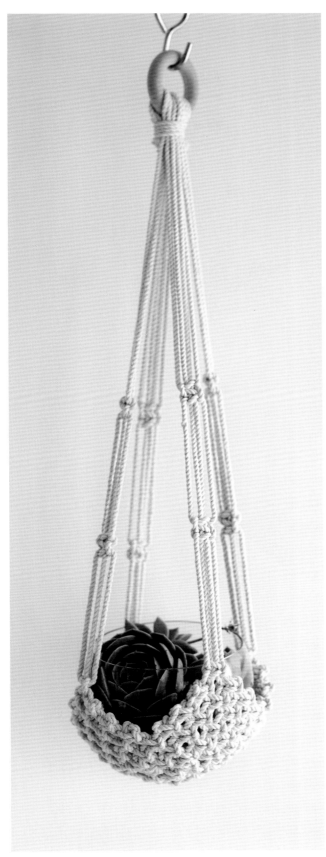

17

ドームハンガー

作品16と同様に結び目が詰まった七宝結びの底部分が、テラリウムや多肉植物のガラスドームにフィット。上やサイドから覗き込みやすい仕上がりです。底から作るため、フリンジが無い、すっきりとした形なのも魅力。

creator：marchen art studio
size：長さ58cm（ガラスドーム：直径12×高さ12cm）
how to：P.67,84

マクラメのハンギンググッズの代表といえば、
プラントハンガー。本書では、簡単にできて、
ひと工夫のあるプラントハンガーを紹介します。

鉢のサイズは直径3cm＝1号で、
3cmごとに号数が上がります。

18

バーつき
プラントハンガー

放射状にひもを結んで作ることが多いプラントハンガーにバーを使い、フィッシュボーンで結んで華やかに。平面状の模様のため、壁につけて吊るすこともできます。

creator: Uri

size: 長さ72cm／フリンジ30cm

（鉢：4〜5号）

how to: P.86

19

スパイラルな
プラントハンガー

羽根のようなスパイラルな形状がまるで
オブジェのよう。一見難しく見えますが、
巻結びだけで作れるので、コツがわかれ
ば誰でも作ることができます。

creator : marchen art studio
size : 長さ56cm／フリンジ23cm
　　　（鉢：2〜3号）
how to : P.88

風を受けるとゆっくりと回り、モビールのよう
にたのしめる。スパイラルの角度は巻結びの手
加減で変わるので、自分好みに調整を。

20

3本吊りの
プラントハンガー

21

2本吊りの
プラントハンガー

20・21

プラントハンガー

シンプルだけどおしゃれに見せるなら、
デザインのポイントを決めるのがコツ。
左は鉢部分でダイヤ状に交差するひもの
模様をアクセントに。右は2本吊りにし
て、すっきりとした縦長のシルエットを
強調しています。

20

creator：aya kurata

size：長さ54cm／フリンジ30cm
  （鉢：2号〜4号）

how to：P.90

21

creator：Kazumin Fiber Art

size：長さ54cm／フリンジ32cm
  （鉢：3〜5号）

how to：P.99

プラントハンガーと鉢のサイズ

家にある鉢植えやドームを入れたい、あるいは、違う鉢に入れ替えたい。
そんな場合、合う鉢の上限の目安を知っておくと便利です。

大 小 大 小

3本吊りの場合

底のまとめ結びから1個めの結び目の下までの長さが鉢の直径の
目安です。基本的にその範囲内であれば、大小どちらでも安定し
て入れることができますが、写真のように鉢の大きさによってバ
ランスや負荷が変わるので注意。

2本吊りの場合

左と同様に1個めの結び目の下までの長さ（連続模様の場合は1
模様め）が鉢の直径の目安です。3方向に比べてひもと鉢の接触
部分が少ない分やや不安定になるため、接触が減る小さい鉢の場
合（右）は、フェイクグリーンや軽いものを入れましょう。

こんな方法も

鉢とのバランスを調整したい場合、底をほどいて結び直す方
法もあります。底の位置を上に（短くなる）、あるいは下に
（長くなる）変えることで、結び目までの長さを調整するこ
とができます。結び目が固い場合は、先丸目打ちやペンチな
ど使ってひもを引き出してほどきましょう（P.68）。

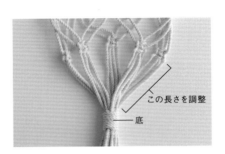

22

ミニチュア
プラントハンガー

作品20を細いコードで作った、手の平サイズのミニチュア作品。本物がそのまま小さくなったように、小さなプラントハンガーの中には、ミニチュアのフェイクグリーンを入れましょう。カラビナなどをつけてストラップにしても可愛い。

creator : marchen art studio
size : 長さ11cm／フリンジ3cm
　　　（鉢：直径2.1cm×高さ3cm）
how to : P.90

ひもで変わる─アレンジのすすめ

同じ作品でも使うひもの太さや種類が変われば、見た目も大きく変わります。ひとつの作品をマスターしたら、次はひもを変えて作ってみてはいかがでしょう。ひもの色や素材を変えればそれだけで雰囲気が変わり、さらにひもの太さを変えてリサイズしてみるのもアレンジの面白さです。サイズはひもが太くなると大きくなり、細くなると小さくなります。結び目が見えにくいため、細いひもの方が難易度は上がりますが、まず太いひもで作って感覚を掴めば、小さい作品にチャレンジしやすくなります。

使用したひもと完成した作品をそれぞれ並べ、大きさを比較してみました。元の作品20（左）は3mmのひも（ビッグ未ザラシ#40）で、ミニチュア作品22（右）は約1.2mmのコード（ヘンプトゥワイン 細タイプ）を使用。ミニチュア作品は元の1/5程度になっています。

STEP 3
面に仕立てる

STEP1のひも状、帯状を発展させた形で、

これらを左右や上下に広がる面に仕立てることで、

タペストリーのようになります。使用するひもの本数が多く、

複雑な模様を生み出すことができますが、

模様をきれいに見せるには、各段の結び目の高さを揃えるのが大事です。

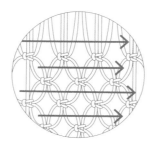

D 進行方向：上から段ごとに結ぶ

上の段から始め、
各段を主に左から結んでいき仕立てます。

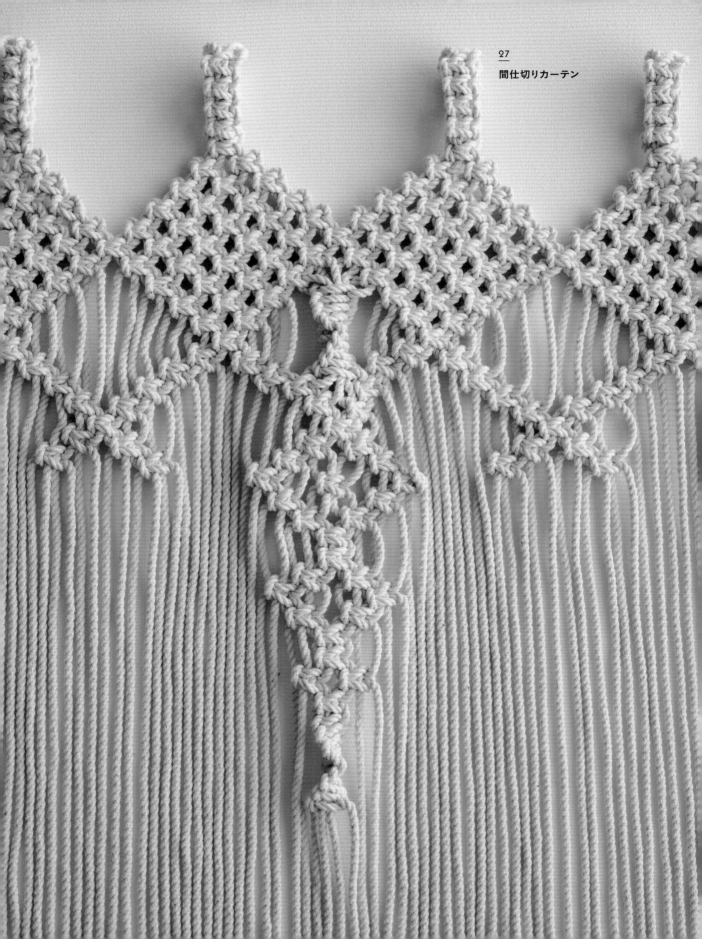

23

ウォールシェルフ

織物のようなマクラメの模様が美しい、
飾りと実用を兼ねた棚でお部屋に特別な
コーナーを。華やかながらも模様は上部
だけなので、はじめてでも作りやすいデ
ザインです。

creator : **Kazumin Fiber Art**
size : **40×45cm／**
フリンジ16cm
how to : **P.92**

マクラメ用の穴が開いた木製ボードを使います。結ばずに下ろしたひももデザインの一部。流れるようなひもの美しさもセットとなって小物を引き立てます。

24

プラントタペストリー
〈 トリプル 〉

お部屋の中にグリーンやフェイクグ
リーンを華やかに取り入れるなら、タ
ペストリータイプがおすすめ。お手入
れ不要の手軽なフェイクグリーンもタ
ペストリーによる額縁効果で、ランク
アップして見えます。

creator : Uri
size : 長さ33cm／フリンジ20cm
　　（鉢：2〜3号）
how to : P.94

25

プラントタペストリー
〈 シングル 〉

左ページ24と同じデザインのシングル
タイプ。壁につけて吊るせるため、大き
い鉢でも安定して飾れます。軽いフェイ
クグリーンの場合は、吹き抜けなどの空
間の高い場所に飾っても。

creator : Uri
size : 長さ33cm／フリンジ20cm
　　　（鉢：2〜3号）
how to : P.94

ポケットつき
ウォールネット

向こうが透けて見える軽やかな七宝結び
のネットは圧迫感が少なく、どんな空
間にもなじみます。お揃いのポケットを
吊り下げれば、使い勝手もアップ。壁面
だけでなく、窓辺でカーテンの替わりや
パーテーションにも使えます。

creator：中村道子
size：**54×55cm**／
　　　　ポケット10×12cm
how to：**P.96**

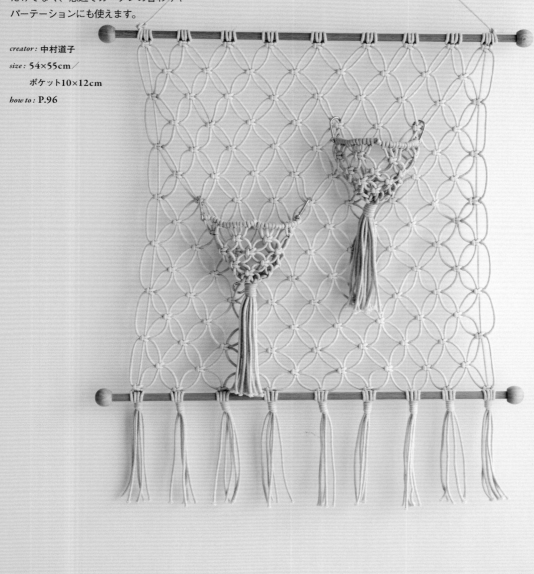

ネット部分に、フックやピンチで物を自由に吊るすこ
とができます。ポケットの位置も好きな位置に。玄関
先に吊るして家族のお出かけグッズを収納したり、趣
味のグッズをしまうコーナーにと使い方はさまざま。

27

間仕切りカーテン

戸口や空間の間仕切りに吊るすと、
たちまち空間を特別なものに変えて
くれるマクラメのカーテン。複雑に
見えるものの、模様はシンプルかつ
繰り返しのパターンのため、初心者
にもおすすめのデザインです。

creator : 塚原裕子
size : **165×88cm**
how to : **P.100**

戸口の上から下まで覆う長さですが、好きな長さに変えることもできます。カフェカーテンのような長さや、アーチ状にくり抜いたような形状にすると、使用するひもの量も少なくてすみます。

作品の作り方

使用したひもの種類

8ページのQ&Aでも紹介した、「撚りひも」「組みひも」「打ちひも」を使用しています。
凹凸がある「撚りひも」はナチュラルに、
滑らかな「組みひも」「打ちひも」は結びやすく軽やかな印象に仕上がります。

※商品はすべてメルヘンアート

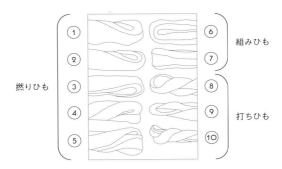

① ビッグ未ザラシ#70（約4mm幅）

② ビッグ未ザラシ#40（約3mm幅）

高級帆布に使用している糸と同品質の原糸を3本撚り合わせた丈夫なひも。マクラメに適した撚りで美しく仕上がります。ひも端は簡単にほぐせるため、フリンジにしても。作品では大きさや模様の緻密さによって太さを使い分けています。綿100%　①1カセ約77m　②1カセ約78m

③ コットンコード・ソフト5（約4mm幅）

④ コットンコード・ソフト3（約3mm幅）

適度なやわらかさがある綿素材の撚りひも。ソフト3（約3ミリ）の方はカラーバリエーションが豊富で、小物からアクセサリーまでさまざまなアイテムに活用できます。綿100%　③1カセ約27m、2色　④1カセ約28m、20色

⑤ ジュートコード・細（約3mm幅）

ジュート（黄麻）100%の撚りひも。麻素材ならではの自然な風合いにより、作品の個性が引き立ちます。写真の生成りの他、ビビッドな色糸も選べます。1カセ約50m、6色

⑥ エココットン8×8（約4mm）

⑦ エココットン4×4（約3mm）

表面が滑らかで結びやすいため、初めての人におすすめの組みひも。素材はエコな綿糸でできています。綿100%　⑥1カセ約35m　⑦1カセ約50m

⑧ コットンスペシャル4mm

⑨ コットンスペシャル3mm

⑩ コットンスペシャル2mm

上質なピュアコットンでできた打ちひも。撚りがないため結びやすく、初心者向き。綿100%　⑧1カセ約30m、4色　⑨1カセ約30m、12色　⑩1カセ約30m、12色

その他のひも

⑪ 手よりコットン（約4mm）

使いやすい玉巻きタイプの撚りひも。適度な張りと柔らかさがあります。綿100%、約36m巻。

⑫ モップコード4.0mm

リネンをブレンドした綿の撚りひも。甘撚りでフリンジにするとモップのような風合いに。綿70%、リネン30%、約50m巻、5色

⑬ ヘンプトゥワイン細タイプ（約1.2mm）

麻素材の風合いが魅力の撚り糸。発色の良さと結びやすい柔らかさのためアクセサリーに最適です。ヘンプ100%、約20m巻、18色

ひも以外の材料

接続部分や吊り下げ部分にはひも以外のパーツを使います。
これにより簡単かつしっかりとした仕上がりになります。

※商品はすべてメルヘンアート

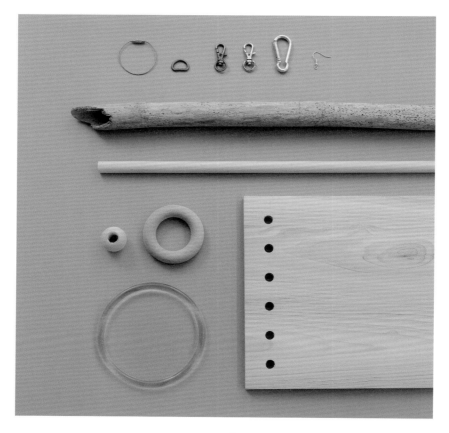

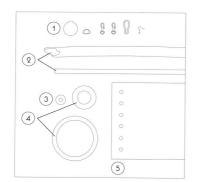

① **金具類**
ストラップやアクセサリーに仕立てたり、パーツ同士を
接続するのに使います。

② **バー**
面に仕立てた作品や複数の作品を吊るすのに使います。
流木はより自然な風合いになります。

③ **ウッドビーズ**
主に飾りに使います。

④ **リングパーツ**
リングを使うと作品のループ部分が簡単に作れます。写
真の木製、プラスチック製のほか、金属製があります。

⑤ **シェルフボード**
棚用の木製ボード。マクラメのひもが通せる穴があいて
います。

結びの記号の見方

次ページからは、より結びの種類や回数が多い作品を作ってみましょう。
作り方はすべて記号図で表しているため、記号の見方を覚える必要があります。

〇結びの記号と結び方一覧→P.104〜111

平結び（左上）

基本となる「平結び」（→Lesson P.16）の記号から見てみましょう。記号は右図のように表されます。

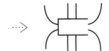

▲記号は結び目の形を簡略化したものです。実際の結び目と見比べるとそれがわかります。

平結びを3回結ぶ

平結びの½回を10回結ぶ

平結び（左上）…3回

平結び3個の記号で回数（3回）を表します。記号の数を数えれば、結ぶ回数がわかります。

ねじり結び（左上）…10回

平結びの½回（→P.16/1〜4）の連続で「ねじり結び」（4〜5回でねじれる）ができます。記号は平結びの上半分の形で1個（1回）で、回数分（10回）で表します。

記号の左右の向きに注意！

平結び（右上）

左右対称

平結び（左上）

上の平結びと左右だけが逆になった結びもあります（右上平結び→P.105）。この場合、記号でも左右が逆になります。平結び以外にも一つの結びに対し、左右が逆になった結び方があるため、記号の向きにも注意しましょう。※一般的に「平結び」という場合は、左上平結びを指します。

07 帽子ハンガー〈 1連 〉の作り方（→P.19）

作り方を表した結びの記号に従い、作品を作りましょう。

記号図 ※記号内数字は結びの段数

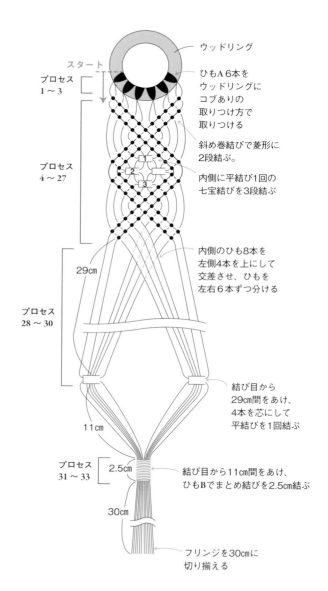

ウッドリング

スタート

プロセス
1〜3

ひもA 6本を
ウッドリングに
コブありの
取りつけ方で
取りつける

プロセス
4〜27

斜め巻結びで菱形に
2段結ぶ。

内側に平結び1回の
七宝結びを3段結ぶ

内側のひも8本を
左側4本を上にして
交差させ、ひもを
左右6本ずつ分ける

29cm

プロセス
28〜30

11cm

結び目から
29cm間をあけ、
4本を芯にして
平結びを1回結ぶ

プロセス
31〜33

2.5cm

結び目から11cm間をあけ、
ひもBでまとめ結びを2.5cm結ぶ

30cm

フリンジを30cmに
切り揃える

下準備
1

材料のひもをカットする

使用するひもを指定の長さ、本数にカットします。カットする際は
撚りひもの場合、写真のようにマスキングテープなどを貼り、その
部分をカットすると糸端のほつれを防止できます。マスキングテー
プは作品完成後に外しましょう。

下準備
2

作業中の固定の仕方を決める

ひもを引いて結び目を引き締めるため、作業中は作品のループ（あるいはスタート位置側）を
固定すると作業しやすくなります。吊り下げる場合は家具や突っ張り棒などにフックでかけて
（左）。机の上に置く場合はループに重しをのせるか、クリップボードではさみます（中）。
この他、ループにひもを通してつけ、重い物に結びつけて固定してもよいでしょう（右）。

フック

クリップボード

ひもを結ぶ

結びの種類は4種類

平結び

平結びの七宝結び

斜め巻結び

まとめ結び

材料

ひもA、B 用コットンスペシャル3mm
　生成（1021）…16m70 cm（1 カセ）
ウッドリング外径60 mm（白木・MA 2261）
　…1 個

ひもの長さと本数

	長さ	本数
ひもA（吊るしひも）	270cm	6本
ひもB（まとめ結び用）	50cm	1本

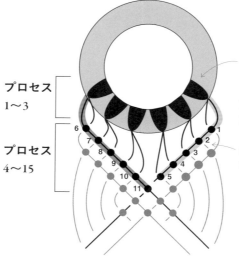

プロセス
1〜3

プロセス
4〜15

ひもA 6本を
ウッドリングに
コブありの
取りつけ方で
取りつける

斜め巻結びで菱形に
2段結ぶ

※わかりやすいよう、一部に
　色つきのひもを使っています

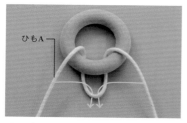

1 リングにひもを取り付ける（コブありの
取りつけ方）。ひもA1本の中心をリン
グに通し、輪に両端を通す。

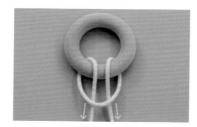

2 そのまま端を引いて、輪を引き締める。

3 ひもAの残り5本も同様に取り付ける。

斜め巻結び

4 右端のひも●を斜めにして上に重ねる。

5 4の●を芯ひもに、残った右半分を結び
ひもにして右端から順に結ぶ（1〜5）。
まず、右端（●の次）を手前から巻く。

6 ●の芯ひもは斜めにしっかり引き、結び
ひもは芯ひもを1周するよう引き締める。

下の段を結ぶときは上の段とすき間があかないよう、芯ひもを重ねるように引く。

巻結びの記号の見方

途切れていない方が
芯ひもになります

7 6の結びひもをもう一度、●の芯ひもに手前から1周巻く。

8 ●の芯ひもは斜めにしっかり引き、結びひもは芯ひもを1周するよう引き締める。

9 同様に、次のひもも斜め巻結びを1回結ぶ。

10 右端から順に結び、右上半分（1〜5）の1段めの斜め巻結び（各1回）が完成。

11 左上半分（6〜10）も同じ要領で結ぶ。左端のひも〇を斜めにして上に重ね、芯ひもにする。

12 11を芯に、残った左端のひもで順に斜め巻結びを1回ずつ結んでいく。

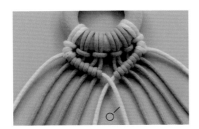

13 左上半分（6〜10）の1段めの斜め巻結び（各1回）が完成。

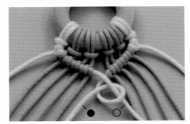

14 1段めの交差部分（11）を結ぶ。左の芯ひも〇を芯に、右の芯ひも●を結びひもにして斜め巻結びを1回結ぶ。

15 交差部分の完成。**交差部分ではどちらを芯ひもにするか注意する。図で線が途切れていない方が芯ひもになる。**

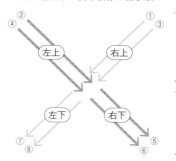

斜め巻結びの菱形模様の結び順

交差方向
右上の後
左上の順に
左右交互に結ぶ

端方向
右下の後
左下を結ぶ
（左右交互に結んでもよい）

左上　右上

左下　右下

**プロセス
16〜23**

16 2段めを結ぶ。1段めと同様に右端を芯ひも△にして右側（12〜15/交差部分の手前まで）を結ぶ。

17 右側（12〜15）を結んだ後、左端を芯ひも▲に左側（16〜20）を結ぶ。**上になった左の芯ひもの交差部分の分だけ左側の結び目が多くなるのに注意。**

18 上になった1段めの左の芯ひも○を斜め右下に重ね、交差側のひも△から順に結ぶ（21〜25）。

19 1段めの右下（21〜25）の完成。

20 18〜19と同様に、上になった2段めの左の芯ひも▲も斜め右下に重ねて結ぶ（26〜30）。

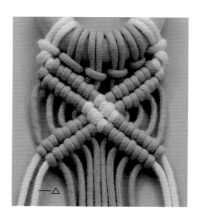

21 左下も同様にする。1段めの右の芯ひも●を左下に重ね、交差側のひもから順に結ぶ（31〜34）。

22 1段めの左下（31〜34）の完成。

23 2段めの右の芯ひも△も左下に重ねて結ぶ（35〜38）。菱形の上半分の模様ができる。

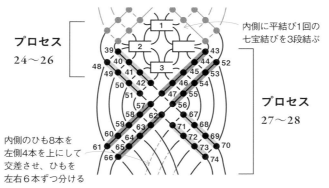

プロセス
24〜26

内側に平結び1回の
七宝結びを3段結ぶ

プロセス
27〜28

内側のひも8本を
左側4本を上にして
交差させ、ひもを
左右6本ずつ分ける

平結びの七宝結び

24 中心2本を芯ひもに平結び（P.16）を1
回結ぶ。

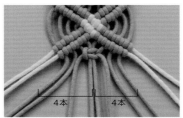

25 結んだところ。1段めの完成。2段めは、
左右それぞれ4本で中心2本を芯ひもに
平結びを1回結ぶ。

26 2段めの完成。3段めは1段めと同様に中
心4本で結ぶ。

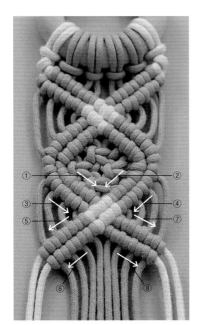

27 再び、4〜23と同じ要領で斜め巻結びを
する。右下になる左の内側の芯ひもから
スタートする（39〜74）。模様の完成。

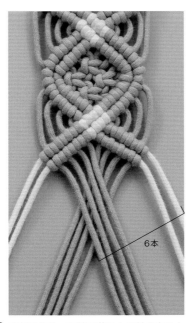

28 底部を作る。両端の芯ひも以外を左を上
に交差させ、左右それぞれ6本ずつに分
ける。

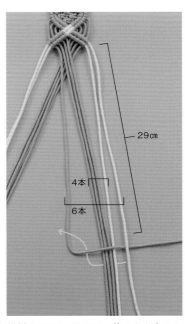

29 模様から29cmあけて、芯ひもも含めた
右側のひも6本で、4本を芯に平結びを1
回結ぶ。

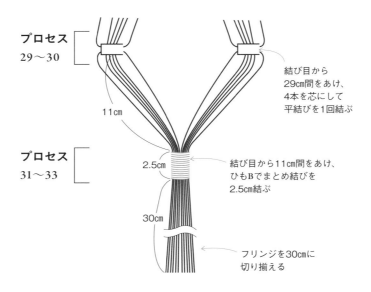

プロセス
29〜30

結び目から
29cm間をあけ、
4本を芯にして
平結びを1回結ぶ

11cm

プロセス
31〜33

2.5cm

結び目から11cm間をあけ、
ひもBでまとめ結びを
2.5cm結ぶ

30cm

フリンジを30cmに
切り揃える

まとめ結び

(裏)

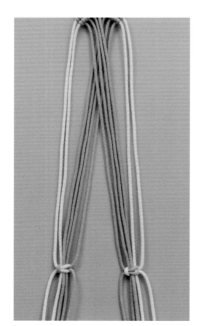

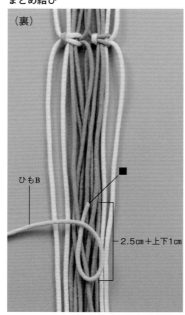

ひもB

2.5cm＋上下1cm

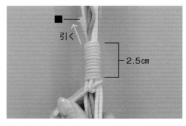

引く

2.5cm

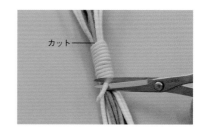

カット

30 左側も同様に結ぶ。

31 底をまとめ結びする。裏返して30から11cmあけた位置にひもBを重ね（でき上がり2.5cm＋上下1cm）、上から巻く。

32 上からきっちりと2.5cm巻き、端を下の輪に通す。反対側の端■を引き、輪を結び目の中に引き込む。

33 上下の飛び出た余分なひもをきわでカットし、完成。

11 エアプランツハンガー （→P.23）

記号図は →P.103

※わかりやすいよう、一部に
色つきのひもを使っています

左右結びを輪にする方法

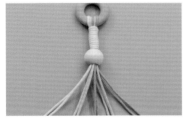

1 ひも10本を2本ずつ5組に分ける。

2 端の1組で左右結び（P.108）を1回結ぶ。

3 同様に、残る4組も結んで一周し、1段めの完成。写真は裏から見たところ。

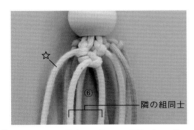

4 2段めは、1本右にずらして隣の組同士2本（写真＝白、黄）で左右結びを1回結び、1周する。これにより輪につながる。

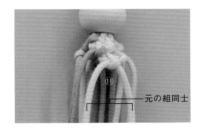

5 3段めは、再び元の組同士2本（写真＝白、白）で1周結ぶ。

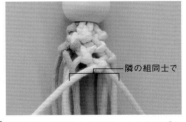

6 4段めは、2段めと同様に、1本右にずらして隣の組同士2本（写真＝白、黄）で1周結ぶ。以降の段も同様に2～3段めを繰り返す。

共通テクニック…ビーズに複数本を通す方法

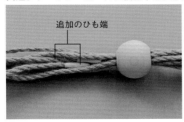

1 ひもを通して隙間がないウッドビーズに、さらにひもを通す場合、まずは先に通したひもの束の中に追加のひも端を差し込む。

2 その状態で反対側からひもを引き、束ごと追加のひも（C）を反対側まで通す。

14 試験管の一輪挿しハンガー（→P.32）

記号図は→ P.80

巻結びで袋を作る方法

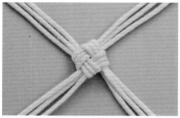

1 ひも（A6本）の中心で3本どりで四つだたみ（P.111）し、底中心を作る。

2 1を横巻結び（P.108）で縁取る。芯となるひも1本★をぐるりと上に重ね、左隣のひもで横巻結びを1回結ぶ。

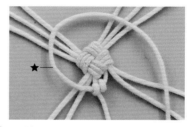

3 1回結んだところ。同様に芯ひもに時計回りに横巻結びを1回ずつ結んでいく。

4 1周したところ。底の完成。

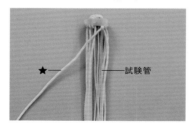

5 4の底の内側に試験管の底を合わせて包み、底の形を整える。上からマスキングテープで仮留めする。

試験管

6 この状態で、続けて斜め巻結び（P.109）で側面を作る。芯ひもを斜め下に沿わせ、左隣のひもで斜め巻結びを1回結ぶ。

7 同様に時計回りに1周結び、以降も、らせんを描くように芯ひもを沿わせ、結ぶ。試験管が抜けないような間隔にするのがポイント。

<u>17</u> ドームハンガー（→P.35）

記号図は→ P.84

※わかりやすいよう、一部に
色つきのひもを使っています

ひもの足し方

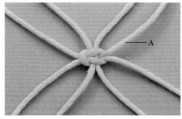

1 ひも（A4本）の中心で平結びを1回結び、底中心を作る。

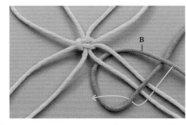

2 2段めでひもを足す。追加のひも（B1本）を二つ折りし、結び目から伸びた2本を芯に平結びを1回結ぶ。

3 平結びを結んだところ。これでひもが1本足される。

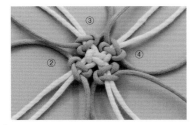

4 同様にして、ひも（B）を合計4本足す。

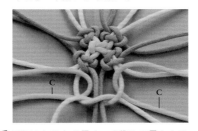

5 3段めもひもを足す。2段めで足したひも（B）の隣り合う2本を芯に、1段めのひも（A）で平結びを1回結ぶ際、写真のように、二つ折りした追加のひも（C2本）を間に通す。

6 平結びを結んだところ。これで追加のひも2本が足される。

7 同様にして、ひも（C）を2本ずつ、合計8本足す。

8 足したひも（C）の隣り合う2本の計4本の内側（上側同士）2本を芯に平結びを1回結ぶ。残りも同様にして結び目が合計4個でき、ひもが固定される。

マクラメを知るQ&A　[作り方編]

Q きれいに結ぶコツは？

A ひもを同じテンション（張り加減）で引き締める。芯を引いて形を整えるときには、1本ずつ引く（下図）。制作中はどこかに引っ掛けたり、留めたりして結ぶことです。

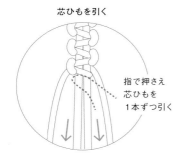

芯ひもを引く

指で押さえ
芯ひもを
1本ずつ引く

Q 長いひもを効率よくカットする方法は？

A 1mを超える長さは、50cm程度の長さで折り返してカットする、あるいは、あらかじめ長さを測った段ボールなどの厚紙に巻きつけてカットするとよいでしょう。長いひもは、下図のように8の字に巻いて輪ゴムで中心をとめると、引き出して使えます。

長いひもの束ね方

①8の字にかける

端

②中心を輪ゴムでとめる

端から引き出して使う

Q 結び目の間隔を揃える方法は？

A ボードやピン（p.4）を使わずに、間隔をきれいに揃えたい場合は、その幅にカットした厚紙を結び目の下に差し込んで結ぶとよいでしょう。

厚紙

Q 作っている途中で間違えたら？

A 間違えたところまでほどくのがベストです。固くてほどけない場合、先丸目打ちという道具が便利です。先が丸いためひもを傷めずに解くことができます。

まとめ結びは、一番下の巻か、下のループが見えていたらループを引き抜く

Q ひもが途中で足りなくなったら？

A 結び目に入る部分で接着剤をつけてひも同士をつなぐ他、下図のような方法があります。接着剤は手軽ですが、強度が下がるため重いものを吊るす作品では注意しましょう。

結びひもを足す

元のひもごと結ぶ

芯ひもを足す

元のひもにかけて結ぶ

ひもとパーツはメルヘンアートの商品で、（　）内は品番です。
それ以外の商品は、市販の〜と記載。

パーツを含まない本体サイズです。

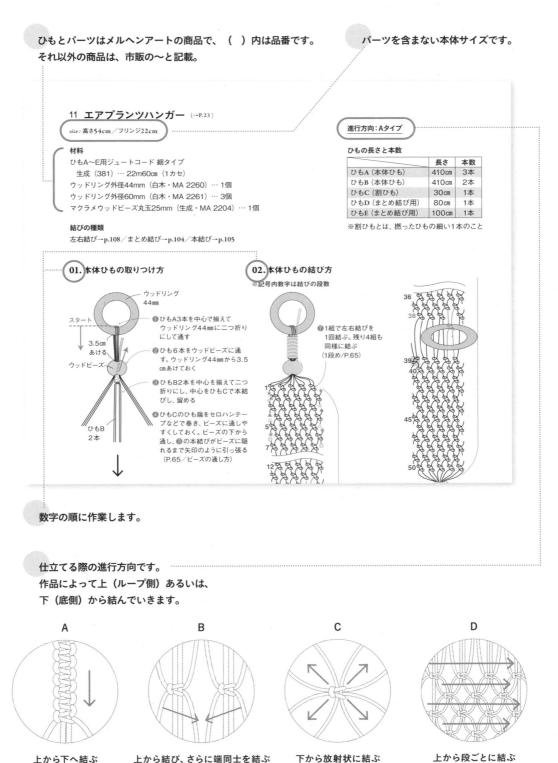

11　エアプランツハンガー （→P.23）

size: 高さ54cm／フリンジ22cm

材料
ひもA〜E用ジュートコード 細タイプ
　生成（381）… 22m60cm（1カセ）
ウッドリング外径44mm（白木・MA 2260）… 1個
ウッドリング外径60mm（白木・MA 2261）… 3個
マクラメウッドビーズ丸玉25mm（生成・MA 2204）… 1個

結びの種類
左右結び→p.108／まとめ結び→p.104／本結び→p.105

進行方向：Aタイプ

ひもの長さと本数

	長さ	本数
ひもA（本体ひも）	410cm	3本
ひもB（本体ひも）	410cm	2本
ひもC（割ひも）	30cm	1本
ひもD（まとめ結び用）	80cm	1本
ひもE（まとめ結び用）	100cm	1本

※割ひもとは、撚ったひもの細い1本のこと

01. 本体ひもの取りつけ方

ウッドリング
44mm

スタート

3.5cm
あける

ウッドビーズ

❶ひもA3本を中心で揃えてウッドリング44mmに二つ折りにして通す

❷ひも6本をウッドビーズに通す。ウッドリング44mmから3.5cmあけておく

❸ひもB2本を中心を揃えて二つ折りにし、中心をひもCで本結びし、留める

❹ひもCのひも端をセロハンテープなどで巻き、ビーズに通しやすくしておく。ビーズの下から通し、❸の本結びがビーズに隠れるまで矢印のように引っ張る（P.65／ビーズの通し方）

ひもB
2本

02. 本体ひもの結び方

※記号内数字は結びの段数

❼1組で左右結びを1回結ぶ。残り4組も同様に結ぶ（1段め/P.65）

36
38
39
40
45
50

数字の順に作業します。

仕立てる際の進行方向です。
作品によって上（ループ側）あるいは、
下（底側）から結んでいきます。

A
上から下へ結ぶ

B
上から結び、さらに端同士を結ぶ

C
下から放射状に結ぶ

D
上から段ごとに結ぶ

01 ストラップ (→P.14)

size: 長さ19cm（金具含む）

進行方向：Aタイプ

材料
ひも用コットンスペシャル3.0mm
　生成（1021）… 5m20cm（1カセ）
ミニレバーカン（シルバー・S1070）… 1個

結びの種類
左上ねじり結び→p.107
共糸まとめ結び→p.104

01

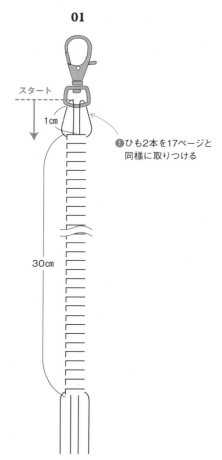

スタート

1cm

30cm

❶ひも2本を17ページと
　同様に取りつける

●内側の40cmを芯、外側の220cmを
　結びひもにしてレバーカンの下1cm
　から左上ねじり結びを30cm結び、
　共糸まとめ結びで仕立てる（P.17／1–7）

ひもの長さと本数（共通）

	長さ	本数
ひも	260cm	2本

03 ストラップ (→P.14)

size: 長さ10cm（結び部分）

進行方向：Aタイプ

材料
ひも用エコココットン8×8
　生成…4m80cm（1カセ）
ワイヤーキーリング（シルバー・S1101）… 1個

結びの種類
コブありの取りつけ方→p.104
斜め巻結び→p.109
平結び→p.105

03
※記号内数字は結ぶ順番

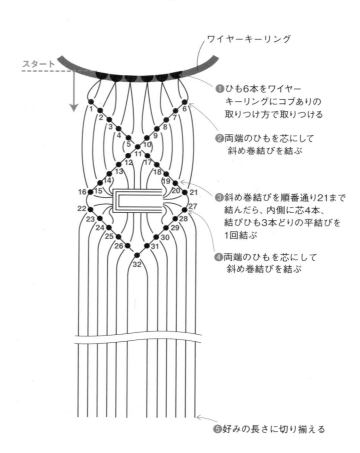

ワイヤーキーリング

スタート

❶ひも6本をワイヤー
　キーリングにコブありの
　取りつけ方で取りつける

❷両端のひもを芯にして
　斜め巻結びを結ぶ

❸斜め巻結びを順番通り21まで
　結んだら、内側に芯4本、
　結びひも3本どりの平結びを
　1回結ぶ

❹両端のひもを芯にして
　斜め巻結びを結ぶ

❺好みの長さに切り揃える

ひもの長さと本数

	長さ	本数
ひも	80cm	6本

○4 ストラップ（→P.14）

size：長さ13cm（結び部分）

進行方向：Aタイプ

材料

ひも用　エココットン8×8
　生成…4m20cm（1カセ）
ワイヤーキーリング（シルバー・S1101）… 1個

結びの種類

コブありの取りつけ方→p.104
斜め巻結び→p.109

04

※記号内数字は結ぶ順番と段数

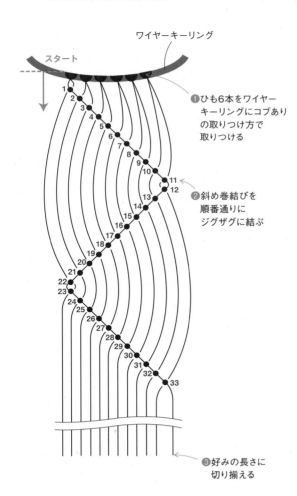

❶ひも6本をワイヤー
　キーリングにコブあり
　の取りつけ方で
　取りつける

❷斜め巻結びを
　順番通りに
　ジグザグに結ぶ

❸好みの長さに
　切り揃える

ひもの長さと本数

	長さ	本数
ひも	70cm	6本

○5 ストラップ（→P.14）

size：長さ13cm（結び部分）

進行方向：Aタイプ

材料

ひも用エココットン8×8
　生成…6m（1カセ）
ワイヤーキーリング（シルバー・S1101）… 1個

結びの種類

コブありの取りつけ方→p.104
斜め巻結び→p.109
平結び→p.105

05

※記号内数字は結ぶ順番と段数

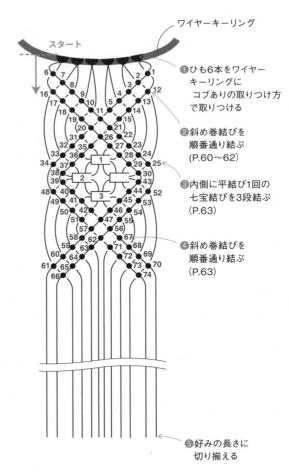

❶ひも6本をワイヤー
　キーリングに
　コブありの取りつけ方
　で取りつける

❷斜め巻結びを
　順番通り結ぶ
　（P.60〜62）

❸内側に平結び1回の
　七宝結びを3段結ぶ
　（P.63）

❹斜め巻結びを
　順番通り結ぶ
　（P.63）

❺好みの長さに
　切り揃える

ひもの長さと本数

	長さ	本数
ひも	100cm	6本

○6 帽子ハンガー〈 2連 〉(→P.18)

size : 長さ90〜120cm

進行方向：Aタイプ

材料

ひもA、D、F用コットンコード・ソフト3
　生成（271）… 33m30cm（2カセ）
ひもB、C、E用コットンソフト3
　淡茶（276）… 7m60cm（1カセ）
マクラメウッドビーズ丸玉25mm
　（茶・MA 2204）… 1個
市販の直径約3.2cm、長さ75cmの流木 … 1本

結びの種類

コブありの取りつけ方→p.104
斜め巻結び→p.109
平結び→p.105
まとめ結び→p.104
ひと結び→p.105

ひもの長さと本数

		長さ	本数
ひもA	（本体ひも）	360cm	6本
ひもB	（まとめ結び用）	60cm	1本
ひもC	（巻きかがりひも）	80cm	2本
ひもD	（吊るしひも）	270cm	4本
ひもE	（吊るしひも）	270cm	2本
ひもF	（下げひも）	90cm	1本

01. 本体ひも(左)の取りつけ方、結び方

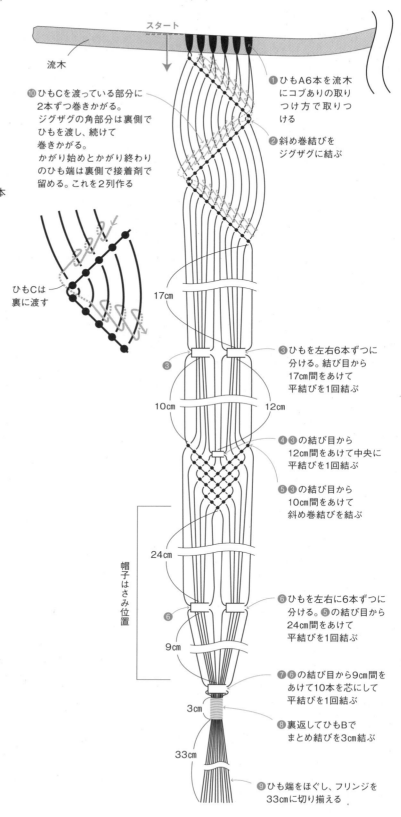

スタート

流木

⑩ひもCが渡っている部分に
　2本ずつ巻きかがる。
　ジグザグの角部分は裏側で
　ひもを渡し、続けて
　巻きかがる。
　かがり始めとかがり終わりのひも端は裏側で接着剤で
　留める。これを2列作る

ひもCは
裏に渡す

①ひもA6本を流木
　にコブありの取り
　つけ方で取りつ
　ける

②斜め巻結びを
　ジグザグに結ぶ

17cm

❸ひもを左右6本ずつに
　分ける。結び目から
　17cm間をあけて
　平結びを1回結ぶ

10cm　　　12cm

❹❸の結び目から
　12cm間をあけて中央に
　平結びを1回結ぶ

❺❸の結び目から
　10cm間をあけて
　斜め巻結びを結ぶ

24cm

帽子はさみ位置

❻ひもを左右に6本ずつに
　分ける。❺の結び目から
　24cm間をあけて
　平結びを1回結ぶ

9cm

❼❻の結び目から9cm間を
　あけて10本を芯にして
　平結びを1回結ぶ

3cm

❽裏返してひもBで
　まとめ結びを3cm結ぶ

33cm

❾ひも端をほぐし、フリンジを
　33cmに切り揃える

02.本体ひも(右)の取りつけ方、結び方

※記号内数字は結びの段数

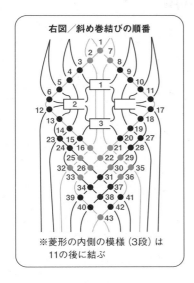

右図／斜め巻結びの順番

※菱形の内側の模様(3段)は
11の後に結ぶ

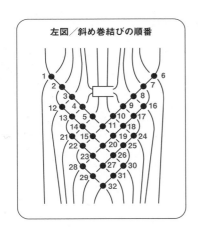

左図／斜め巻結びの順番

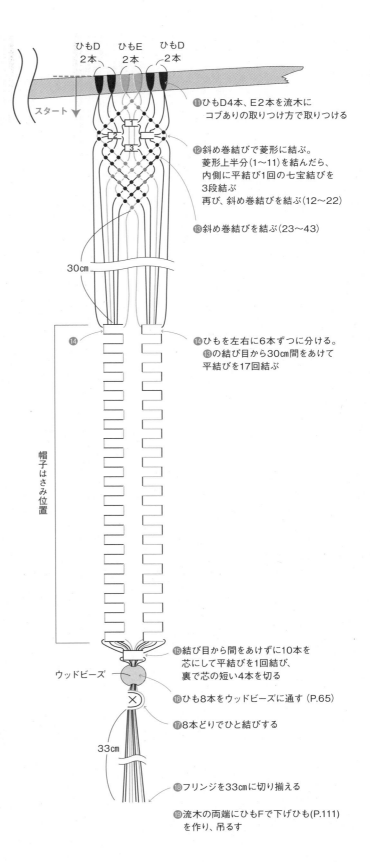

ひもD 2本　ひもE 2本　ひもD 2本

スタート

⑪ひもD4本、E2本を流木に
コブありの取りつけ方で取りつける

⑫斜め巻結びで菱形に結ぶ。
菱形上半分(1〜11)を結んだら、
内側に平結び1回の七宝結びを
3段結ぶ
再び、斜め巻結びを結ぶ(12〜22)

⑬斜め巻結びを結ぶ(23〜43)

30cm

帽子はさみ位置

⑭ひもを左右に6本ずつに分ける。
⑬の結び目から30cm間をあけて
平結びを17回結ぶ

⑭

⑮結び目から間をあけずに10本を
芯にして平結びを1回結び、
裏で芯の短い4本を切る

ウッドビーズ

⑯ひも8本をウッドビーズに通す(P.65)

⑰8本どりでひと結びする

33cm

⑱フリンジを33cmに切り揃える

⑲流木の両端にひもFで下げひも(P.111)
を作り、吊るす

73

○8 バッグハンガー （→P.20）

size：長さ54cm／フリンジ22cm

材料

ひもA～C用ビッグ未ザラシ#40 … 28m（1カセ）
ウッドリング外径60mm（白木・MA 2261）… 1個

結びの種類

コブありの取りつけ方→p.104／輪結び→p.108／
タッチング結び→p.110／平結び→p.105／ひと結び→p.105

進行方向：Aタイプ

ひもの長さと本数

	長さ	本数
ひもA	350cm	2本
ひもB	450cm	2本
ひもC	600cm	2本

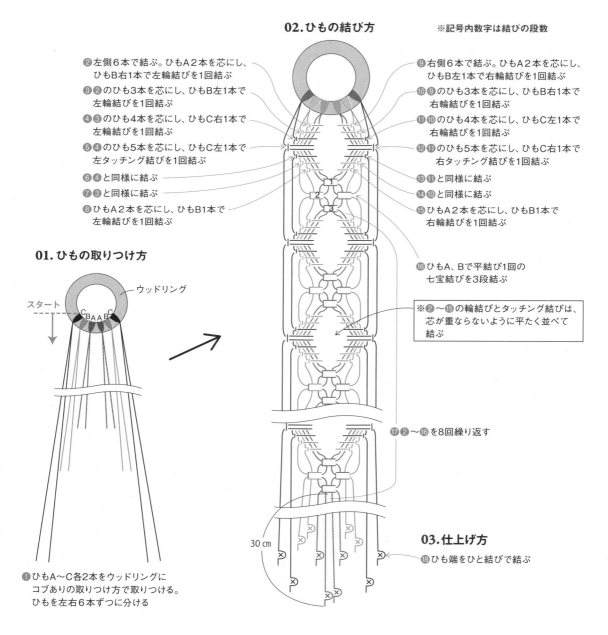

02. ひもの結び方　　　※記号内数字は結びの段数

❷左側6本で結ぶ。ひもA2本を芯にし、
ひもB右1本で左輪結びを1回結ぶ

❸❷のひも3本を芯にし、ひもB左1本で
左輪結びを1回結ぶ

❹❸のひも4本を芯にし、ひもC右1本で
左輪結びを1回結ぶ

❺❹のひも5本を芯にし、ひもC左1本で
左タッチング結びを1回結ぶ

❻❹と同様に結ぶ

❼❸と同様に結ぶ

❽ひもA2本を芯にし、ひもB1本で
左輪結びを1回結ぶ

❾右側6本で結ぶ。ひもA2本を芯にし、
ひもB左1本で右輪結びを1回結ぶ

❿❾のひも3本を芯にし、ひもB右1本で
右輪結びを1回結ぶ

⓫❿のひも4本を芯にし、ひもC左1本で
右輪結びを1回結ぶ

⓬⓫のひも5本を芯にし、ひもC右1本で
右タッチング結びを1回結ぶ

⓭⓫と同様に結ぶ

⓮❿と同様に結ぶ

⓯ひもA2本を芯にし、ひもB1本で
右輪結びを1回結ぶ

⓰ひもA、Bで平結び1回の
七宝結びを3段結ぶ

※❷～⓯の輪結びとタッチング結びは、
芯が重ならないように平たく並べて
結ぶ

⓱❷～⓰を8回繰り返す

30 cm

01. ひもの取りつけ方

スタート

ウッドリング

C C B A A C

❶ひもA～C各2本をウッドリングに
コブありの取りつけ方で取りつける。
ひもを左右6本ずつに分ける

03. 仕上げ方

⓲ひも端をひと結びで結ぶ

○9 タオルハンガー （→P.21）

size : 長さ約35cm、幅8cm（結び部分）

材料（1個分）
ひも用コットン・コードソフト3
　生成（271）… 16m（1カセ）
プラリング外径外径8cm（トウメイ・MA2152）または、
　10.5cm（トウメイ・MA 2153）… 1個

結びの種類
コブなしの取りつけ方→p.104／平結び→p.105／
平結び3回のしゃこ結び→p.107／斜め巻結び→p.109／本結び→p.105

進行方向：Aタイプ

ひもの長さと本数

	長さ	本数
ひも	200cm	8本

01. 本体ひもの取りつけ方、結び方

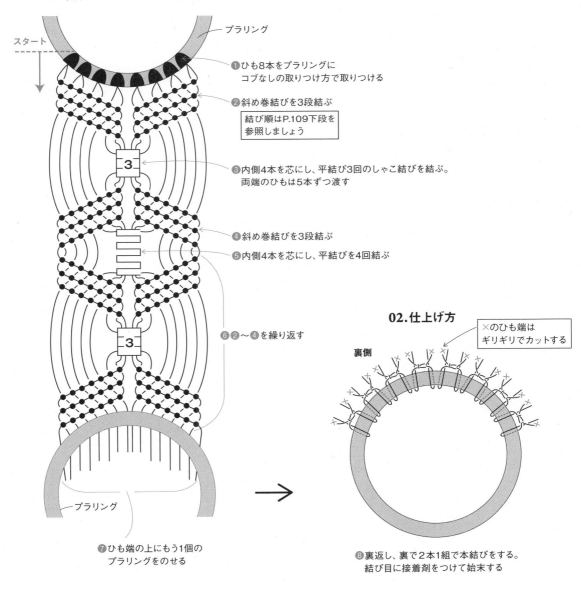

スタート

プラリング

❶ひも8本をプラリングに
　コブなしの取りつけ方で取りつける

❷斜め巻結びを3段結ぶ

結び順はP.109下段を
参照しましょう

❸内側4本を芯にし、平結び3回のしゃこ結びを結ぶ。
　両端のひもは5本ずつ渡す

❹斜め巻結びを3段結ぶ

❺内側4本を芯にし、平結びを4回結ぶ

❻❷～❹を繰り返す

プラリング

❼ひも端の上にもう1個の
　プラリングをのせる

02.仕上げ方

裏側

×のひも端は
ギリギリでカットする

❽裏返し、裏で2本1組で本結びをする。
　結び目に接着剤をつけて始末する

75

10 ブランケット／ヨガマットホルダー （→P.22）

size: 長さ約179cm／タッセル15cm

進行方向：Aタイプ

材料

ひもA〜C用ビッグ未ザラシ#40
　…46m70cm（1カセ）
ウッドリング外径60mm
　（白木・MA 2261）…2個

結びの種類

コブありの取りつけ方→p.104
平結び→p.105
並列平結び（6本）→p.107
斜め巻結び→p.109
まとめ結び→p.104
ひと結び→p.105

01. 本体ひもの取りつけ方

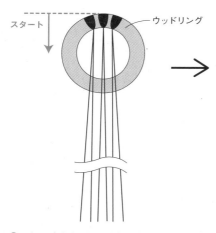

① ひもA3本をウッドリングの上側に
　コブありの取りつけ方で取りつける

ひもの長さと本数

	長さ	本数
ひもA（本体ひも）	1350cm	3本
ひもB（まとめ結び用）	60cm	2本
ひもC（タッセルひも）	50cm	10本

02. 本体ひもの結び方　※記号内数字は結びの順番

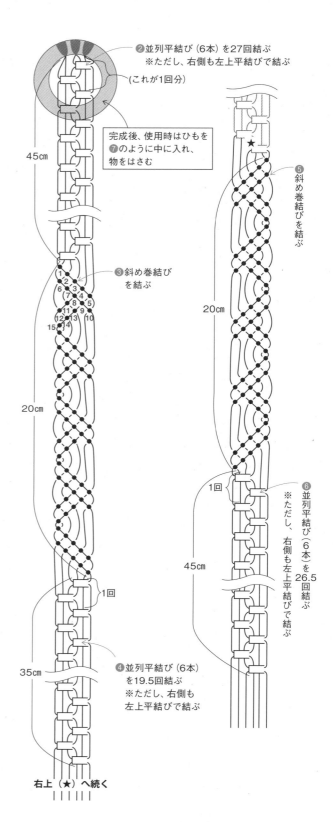

② 並列平結び（6本）を27回結ぶ
　※ただし、右側も左上平結びで結ぶ
　（これが1回分）

完成後、使用時はひもを
⑦のように中に入れ、
物をはさむ

③ 斜め巻結び
　を結ぶ

⑤ 斜め巻結びを結ぶ

⑥ 並列平結び（6本）を26.5回結ぶ
　※ただし、右側も左上平結びで結ぶ

④ 並列平結び（6本）
　を19.5回結ぶ
　※ただし、右側も
　左上平結びで結ぶ

右上（★）へ続く

03. 仕上げ方

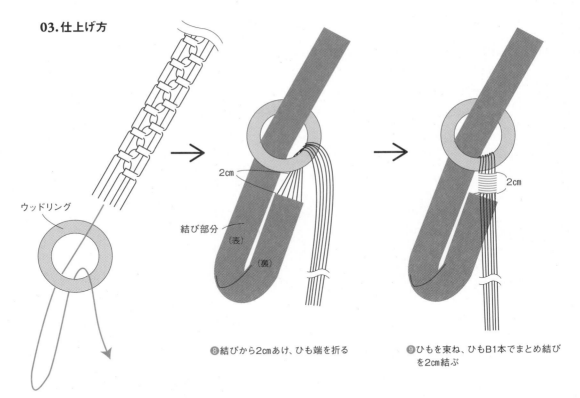

ウッドリング

結び部分

2cm

（表）

（裏）

❼ もう1個のウッドリングに結びの端を
矢印のように折りたたみながら通す。
※ウッドリングに輪を作る

❽ 結びから2cmあけ、ひも端を折る

❾ ひもを束ね、ひもB1本でまとめ結び
を2cm結ぶ

2cm

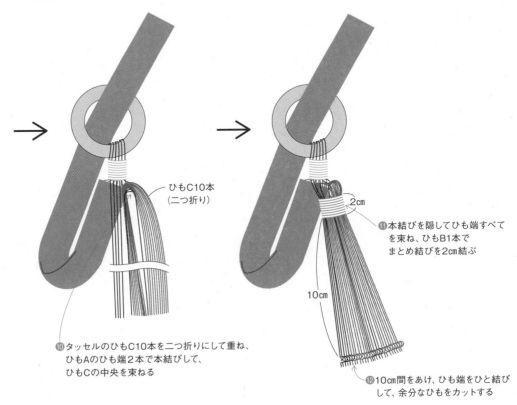

ひもC10本
（二つ折り）

❿ タッセルのひもC10本を二つ折りにして重ね、
ひもAのひも端2本で本結びして、
ひもCの中央を束ねる

2cm

⓫ 本結びを隠してひも端すべて
を束ね、ひもB1本で
まとめ結びを2cm結ぶ

10cm

⓬ 10cm間をあけ、ひも端をひと結び
して、余分なひもをカットする

12 カードホルダー （→P.24）

size : 長さ00～50cm／幅00～30cm（結び部分）

進行方向：Aタイプ

材料
ひもA～F用コットンスペシャル3.0mm
　生成（1021）… 56m（2カセ）
白木バー45cm（MA 2283）… 1本

結びの種類
巻結びの取りつけ方→p.104
コブなしの取りつけ方→p.104
斜め巻結び→p.109
平結び→p.105
左右結び→p.108
左上ねじり結び→p.107
平結び3回のしゃこ結び→p.107
まとめ結び→p.104
本結び→p.105

ひもの長さと本数

	長さ	本数
ひもA （本体ひも）	350cm	8本
ひもB （まとめ結び用）	60cm	3本
ひもC （本体ひも）	250cm	4本
ひもD （本体ひも）	270cm	4本
ひもE （フリンジひも）	40cm	6本
ひもF （下げひも）	300cm	1本

01. 本体ひも(5組)の取りつけ方、結び方
※中央1組（右ページ）を作った後、左右の2組を作る

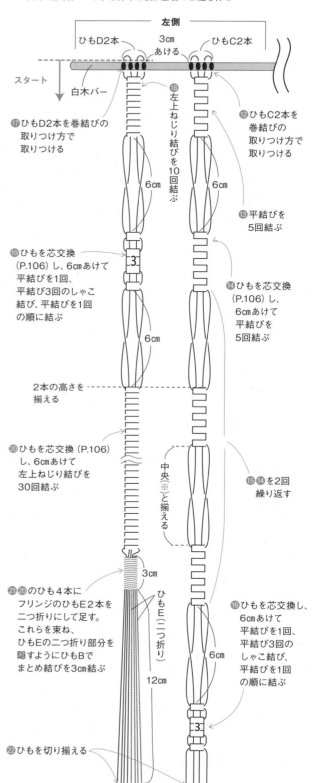

左側

ひもD2本　3cm　ひもC2本
　　　　あける

スタート
白木バー

⑰ひもD2本を巻結びの取りつけ方で取りつける

⑫ひもC2本を巻結びの取りつけ方で取りつける

⑱左上ねじり結びを10回結ぶ

⑬平結びを5回結ぶ

6cm　6cm

⑲ひもを芯交換（P.106）し、6cmあけて平結びを1回、平結び3回のしゃこ結び、平結びを1回の順に結ぶ

⑭ひもを芯交換（P.106）し、6cmあけて平結びを5回結ぶ

6cm

2本の高さを揃える

⑳ひもを芯交換（P.106）し、6cmあけて左上ねじり結びを30回結ぶ

中央※と揃える

⑮⑭を2回繰り返す

3cm

㉑⑳のひも4本にフリンジのひもE2本を二つ折りにして足す。これらを束ね、ひもEの二つ折り部分を隠すようにひもBでまとめ結びを3cm結ぶ

ひもE（二つ折り）
12cm

⑯ひもを芯交換し、6cmあけて平結びを1回、平結び3回のしゃこ結び、平結びを1回の順に結ぶ

6cm

㉒ひもを切り揃える

02.下げひものつけ方

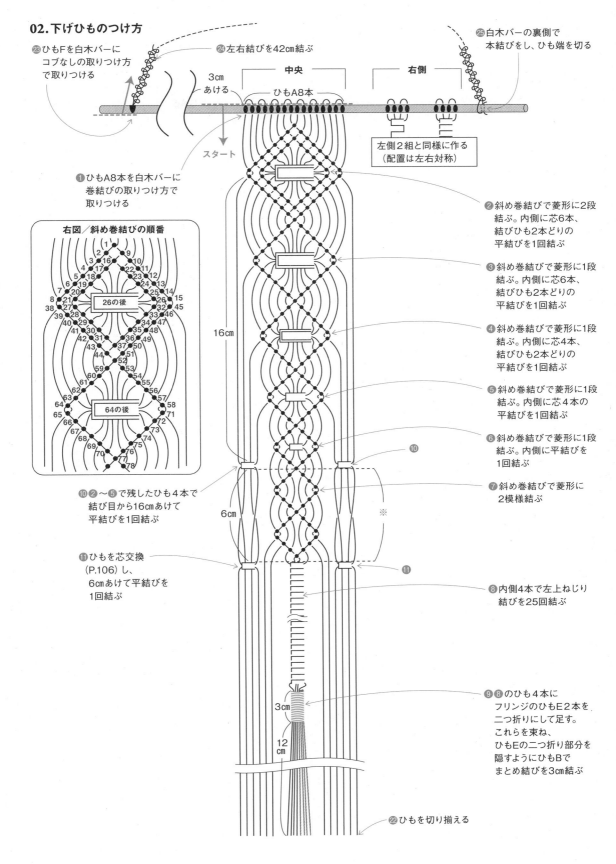

㉓ひもFを白木バーに
コブなしの取りつけ方
で取りつける

㉔左右結びを42cm結ぶ

㉕白木バーの裏側で
本結びをし、ひも端を切る

中央

右側

ひもA8本

3cm
あける

スタート

①ひもA8本を白木バーに
巻結びの取りつけ方で
取りつける

左側2組と同様に作る
（配置は左右対称）

右図／斜め巻結びの順番

1
9
2 16 10
4 3 17 22 11
5 18 23 12
6 19 24 13
7 20 25 14 15
8 21 26 32 46
38 27 26の後 33 47
39 28 34 48
40 29 35 50
41 30 36 51
42 31 37 52
43 44 53 54
59 60 55 56
61 62 57
63 64の後 58 71
64 72
65 66 73
67 74
68 75
69 70 76 77
78

②斜め巻結びで菱形に2段
結ぶ。内側に芯6本、
結びひも2本どりの
平結びを1回結ぶ

③斜め巻結びで菱形に1段
結ぶ。内側に芯6本、
結びひも2本どりの
平結びを1回結ぶ

④斜め巻結びで菱形に1段
結ぶ。内側に芯4本、
結びひも2本どりの
平結びを1回結ぶ

⑤斜め巻結びで菱形に1段
結ぶ。内側に芯4本の
平結びを1回結ぶ

⑥斜め巻結びで菱形に1段
結ぶ。内側に平結びを
1回結ぶ

⑦斜め巻結びで菱形に
2模様結ぶ

⑩②～⑤で残したひも4本で
結び目から16cmあけて
平結びを1回結ぶ

16cm

⑩

6cm

⑪ひもを芯交換
（P.106）し、
6cmあけて平結びを
1回結ぶ

※

⑪

⑧内側4本で左上ねじり
結びを25回結ぶ

3cm

12
cm

⑨⑧のひも4本に
フリンジのひもE2本を
二つ折りにして足す。
これらを束ね、
ひもEの二つ折り部分を
隠すようにひもBで
まとめ結びを3cm結ぶ

㉒ひもを切り揃える

14 試験管の一輪挿しハンガー (→P.32)

size： 長さ38〜46cm

進行方向：Cタイプ

ひもの長さと本数

	長さ	本数
ひも（1個分は6本）	160cm	18本

材料

ひも用コットンスペシャル2.0mm
　生成（1001）… 28m80cm（1カセ）
市販の直径1.5cm、高さ14cmの試験管 … 3本
市販の直径約1.2cm、長さ38cmの流木 … 1本

結びの種類

四つだたみ→p.110／横巻結び→p.108／
斜め巻結び→p.108／本結び→p.105

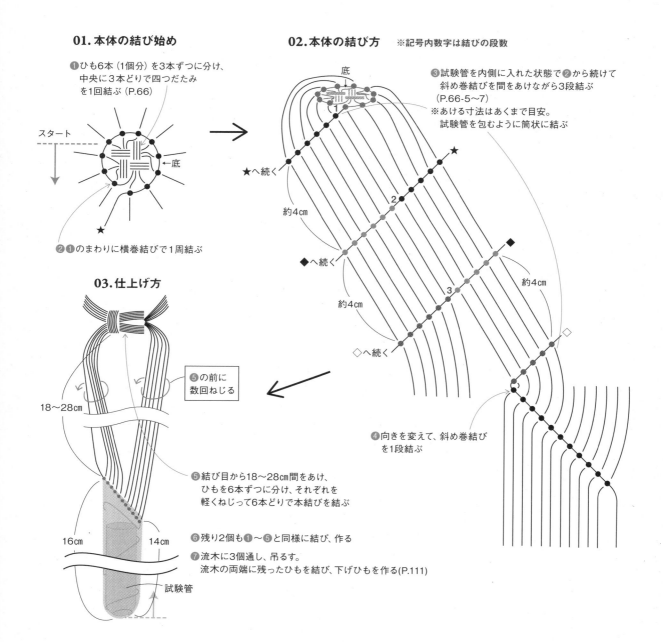

01. 本体の結び始め

❶ひも6本（1個分）を3本ずつに分け、
　中央に3本どりで四つだたみ
　を1回結ぶ（P.66）

スタート

←底

❷❶のまわりに横巻結びで1周結ぶ

★

02. 本体の結び方　　※記号内数字は結びの段数

底

❸試験管を内側に入れた状態で❷から続けて
　斜め巻結びを間をあけながら3段結ぶ
　（P.66-5〜7）
※あける寸法はあくまで目安。
　試験管を包むように筒状に結ぶ

★へ続く

約4cm

2

◆へ続く

約4cm

3

◇へ続く

約4cm

❹向きを変えて、斜め巻結び
　を1段結ぶ

03. 仕上げ方

❺の前に
数回ねじる

18〜28cm

16cm　　14cm

試験管

❺結び目から18〜28cm間をあけ、
　ひもを6本ずつに分け、それぞれを
　軽くねじって6本どりで本結びを結ぶ

❻残り2個も❶〜❺と同様に結び、作る

❼流木に3個通し、吊るす。
　流木の両端に残ったひもを結び、下げひもを作る（P.111）

16 ミニバスケット (→P.34)

size: 15×15cm

進行方向：Bタイプ

材料

ひもA～M用エココットン8×8 … 35m（1カセ）

結びの種類

コブありの取りつけ方→p.104

平結び→p.105／本結び→p.105

ひもの長さと本数

		長さ	本数
ひもA	（芯ひも）	70cm	2本
ひもB	（本体ひも）	190cm	4本
ひもC	（本体ひも）	170cm	2本
ひもD	（本体ひも）	150cm	4本
ひもE	（本体ひも）	140cm	2本
ひもF	（本体ひも）	130cm	2本
ひもG	（本体ひも）	120cm	2本
ひもH	（本体ひも）	110cm	2本
ひもI	（本体ひも）	100cm	2本
ひもJ	（本体ひも）	80cm	2本
ひもK	（本体ひも）	60cm	2本
ひもL	（本体ひも）	50cm	2本
ひもM	（本体ひも）	40cm	2本

01. 本体ひもの取りつけ方、結び方

※記号内数字は結びの段数

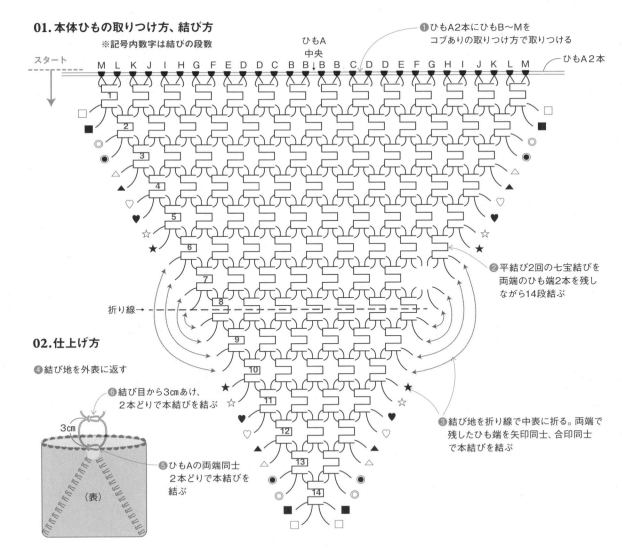

❶ひもA2本にひもB～Mを
コブありの取りつけ方で取りつける

❷平結び2回の七宝結びを
両端のひも端2本を残し
ながら14段結ぶ

❸結び地を折り線で中表に折る。両端で
残したひも端を矢印同士、合印同士
で本結びを結ぶ

02. 仕上げ方

❹結び地を外表に返す

❻結び目から3cmあけ、
2本どりで本結びを結ぶ

❺ひもAの両端同士
2本どりで本結びを
結ぶ

81

15 マルチハンギングバッグ (→P.33)

size：本体40cm×20cm／ショルダー75cm

進行方向：Bタイプで下から

材料

ひもA、B用コットンスペシャル3.0mm
  セージ（1032）… 25m20cm（1カセ）
ひもC、D用コットンスペシャル3.0mm
  生成（1021）… 14m（1カセ）
ショルダーパーツセット（メルヘンアートの
  ミニレバーカン、Dカン各2組のセット）… 1セット

結びの種類

コブなしの取りつけ方→p.104
平結び→p.105
まとめ結び→p.104
叶結び→p.111
コイル巻き→p.105

03.吊るしひもの結び方

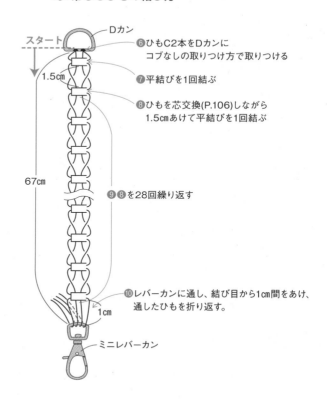

⑥ひもC2本をDカンに
  コブなしの取りつけ方で取りつける

⑦平結びを1回結ぶ

⑧ひもを芯交換（P.106）しながら
  1.5cmあけて平結びを1回結ぶ

⑨⑧を28回繰り返す

⑩レバーカンに通し、結び目から1cm間をあけ、
  通したひもを折り返す。

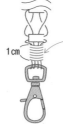

⑪ひもD1本でまとめ結びを1cm結ぶ。
  余分なひも端はカットする

⑫⑥〜⑪と同様に、吊るしひもをもう1本作る。
  出来上がりの長さは揃える

⑬ネットの金具と吊るしひもの金具をつなげる

ひもの長さと本数

	長さ	本数
ひもA（ネットひも）	230cm	10本
ひもB（まとめ結び用）	55cm	4本
ひもC（吊るしひも）	330cm	4本
ひもD（まとめ結び用）	40cm	2本

01. ネットの結び方 ※記号内数字は結びの段数

❶ひもA10本を2本1組にし、
　中央に叶結びを5組（①〜⑤）結ぶ
　※これが底になる

❷結び目から4cm間をあけ、1本ずつひもをずらしながら
　叶結びを筒状に7段結び（各段合印同士を結ぶ）、筒状にする。
　ひもはねじれないように気をつけて結ぶ

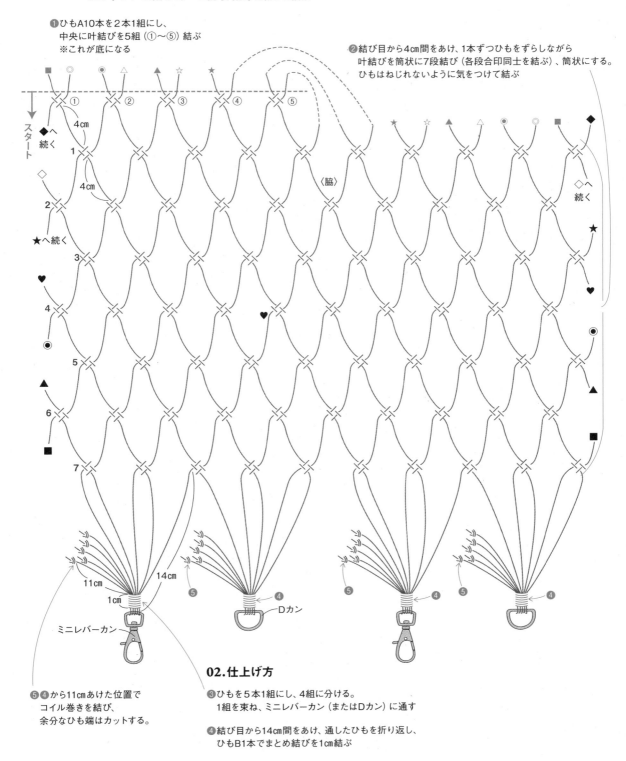

スタート

◆へ続く

4cm

4cm

〈脇〉

◇へ続く

★へ続く

11cm

1cm

14cm

Dカン

ミニレバーカン

❺❹から11cmあけた位置で
コイル巻きを結び、
余分なひも端はカットする。

02.仕上げ方

❸ひもを5本1組にし、4組に分ける。
　1組を束ね、ミニレバーカン（またはDカン）に通す

❹結び目から14cm間をあけ、通したひもを折り返し、
　ひもB1本でまとめ結びを1cm結ぶ

17 ドームハンガー (→P.35)

size: 高さ58cm

進行方向：Cタイプ

材料

ひもA～E用ビッグ未ザラシ#70 … 37m20cm（1カセ）
ウッドリング外径60mm（白木・MA 2261）… 1個

結びの種類

平結び→p.105／まとめ結び→p.104

ひもの長さと本数

	長さ	本数
ひもA（本体ひも）	300cm	4本
ひもB（本体ひも）	250cm	4本
ひもC（本体ひも）	60cm	8本
ひもD（本体ひも）	60cm	16本
ひもE（まとめ結び用）	80cm	1本

01. 本体ひもの取りつけ方、結び方　※記号内数字は結びの段数

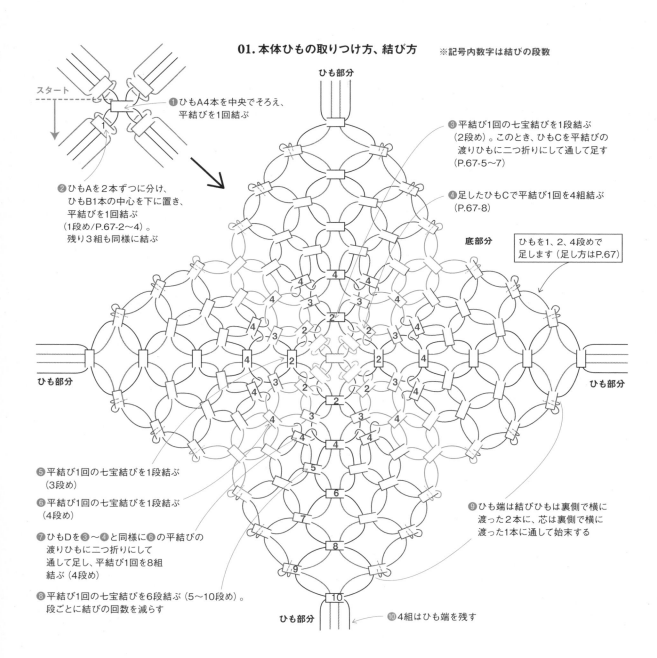

❶ひもA4本を中央でそろえ、平結びを1回結ぶ

❷ひもAを2本ずつに分け、ひもB1本の中心を下に置き、平結びを1回結ぶ（1段め/P.67-2～4）。残り3組も同様に結ぶ

❸平結び1回の七宝結びを1段結ぶ（2段め）。このとき、ひもCを平結びの渡りひもに二つ折りにして通して足す（P.67-5～7）

❹足したひもCで平結び1回を4組結ぶ（P.67-8）

ひもを1、2、4段めで足します（足し方はP.67）

❺平結び1回の七宝結びを1段結ぶ（3段め）

❻平結び1回の七宝結びを1段結ぶ（4段め）

❼ひもDを❸～❹と同様に❻の平結びの渡りひもに二つ折りにして通して足し、平結び1回を8組結ぶ（4段め）

❽平結び1回の七宝結びを6段結ぶ（5～10段め）。段ごとに結びの回数を減らす

❾ひも端は結びひもは裏側で横に渡った2本に、芯は裏側で横に渡った1本に通して始末する

❿4組はひも端を残す

スタート

ひも部分

底部分

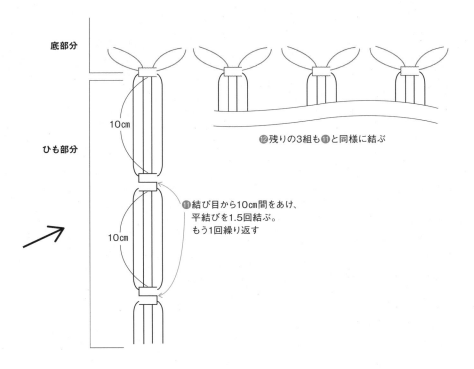

底部分

ひも部分

10cm

10cm

⑫残りの3組も⑪と同様に結ぶ

⑪結び目から10cm間をあけ、
平結びを1.5回結ぶ。
もう1回繰り返す

02.仕上げ方

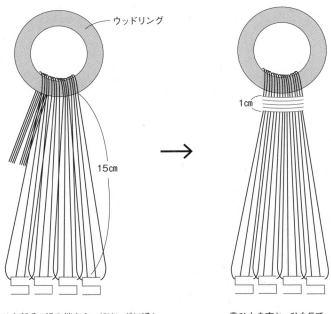

ウッドリング

15cm

1cm

⑬ひも部分4組の端をウッドリングに通し、
結び目から15cmあけて折り返す

⑭ひもを束ね、ひもEで
まとめ結びを1cm結ぶ。
ひも端はまとめ結びの
ギリギリで切る

18 バーつきプラントハンガー (→P.37)

size: 長さ72cm／フリンジ30cm

進行方向：Bタイプ

材料

ひもA、B用手よりコットン4mm
　生成（1131）… 31m20cm（1カセ）
ウッドリング外径44mm（白木・MA 2260）… 1個
市販の丸箸…1膳

ひもの長さと本数

		長さ	本数
ひもA	（本体ひも）	300cm	10本
ひもB	（まとめ結び用）	60cm	2本

結びの種類

横巻結び→p.108／平結び→p.105／まとめ結び→p.104

01. 本体ひもの取りつけ方

02. 本体ひもの結び方　※記号内数字は結びの段数と順番

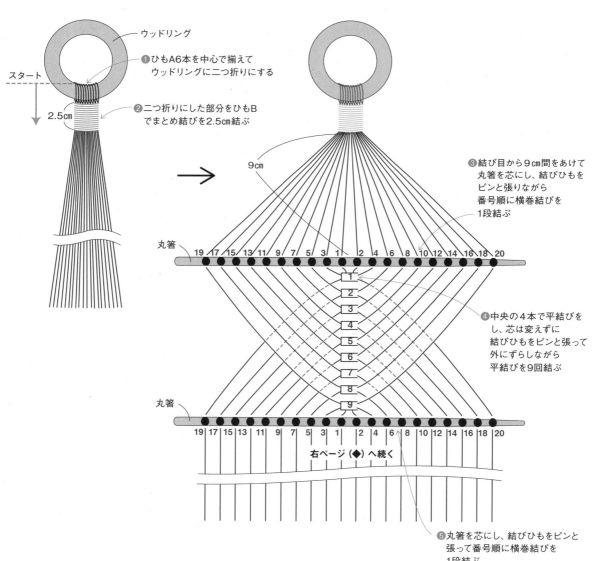

ウッドリング

❶ひもA6本を中心で揃えて
ウッドリングに二つ折りにする

スタート

2.5cm

❷二つ折りにした部分をひもB
でまとめ結びを2.5cm結ぶ

9cm

丸箸

19 17 15 13 11 9 7 5 3 1 2 4 6 8 10 12 14 16 18 20

❸結び目から9cm間をあけて
丸箸を芯にし、結びひもを
ピンと張りながら
番号順に横巻結びを
1段結ぶ

1
2
3
4
5
6
7
8
9

❹中央の4本で平結びを
し、芯は変えずに
結びひもをピンと張って
外にずらしながら
平結びを9回結ぶ

丸箸

19 17 15 13 11 9 7 5 3 1 2 4 6 8 10 12 14 16 18 20

右ページ（◆）へ続く

❺丸箸を芯にし、結びひもをピンと
張って番号順に横巻結びを
1段結ぶ

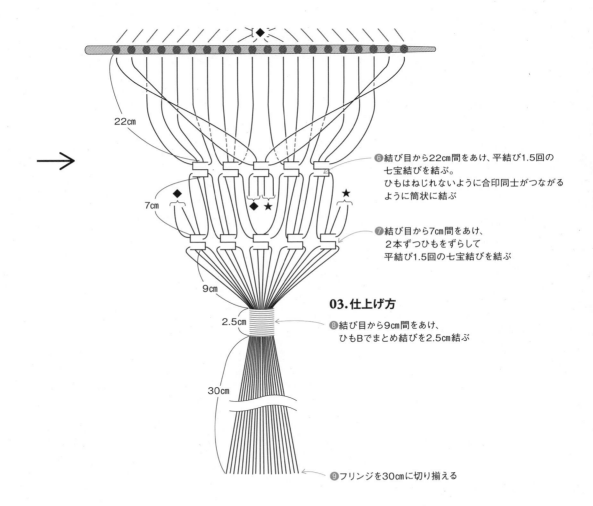

22㎝

❻結び目から22㎝間をあけ、平結び1.5回の
　七宝結びを結ぶ。
　ひもはねじれないように合印同士がつながる
　ように筒状に結ぶ

7㎝

❼結び目から7㎝間をあけ、
　2本ずつひもをずらして
　平結び1.5回の七宝結びを結ぶ

9㎝

2.5㎝

03.仕上げ方

❽結び目から9㎝間をあけ、
　ひもBでまとめ結びを2.5㎝結ぶ

30㎝

❾フリンジを30㎝に切り揃える

19 スパイラルなプラントハンガー (→P.38)

size: 長さ56cm／フリンジ23cm

進行方向：Bタイプ

材料

ひもA〜C用エココットン4×4 … 25m50cm（1カセ）

結びの種類

コブありの取りつけ方→p.104

タッチング結び→p.110

巻結びの取りつけ方→p.104

平結び→p.105

斜め巻結び→p.109

まとめ結び→p.104

01. 本体ひものリングの結び方

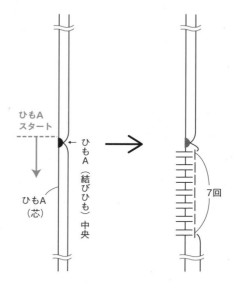

❶ひもA2本を1本を芯にし、ひもA（芯）の中央にもう1本のひもA（結びひも）をコブありの取りつけ方で取りつける

❷下に向かって右タッチング結びを7回結ぶ

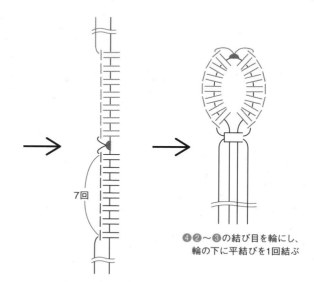

❸天地を逆にして反対側も左タッチング結びを7回結ぶ

❹❷〜❸の結び目を輪にし、輪の下に平結びを1回結ぶ

ひもの長さと本数

	長さ	本数
ひもA（本体ひも）	450cm	2本
ひもB（本体ひも）	400cm	4本
ひもC（まとめ結び用）	50cm	1本

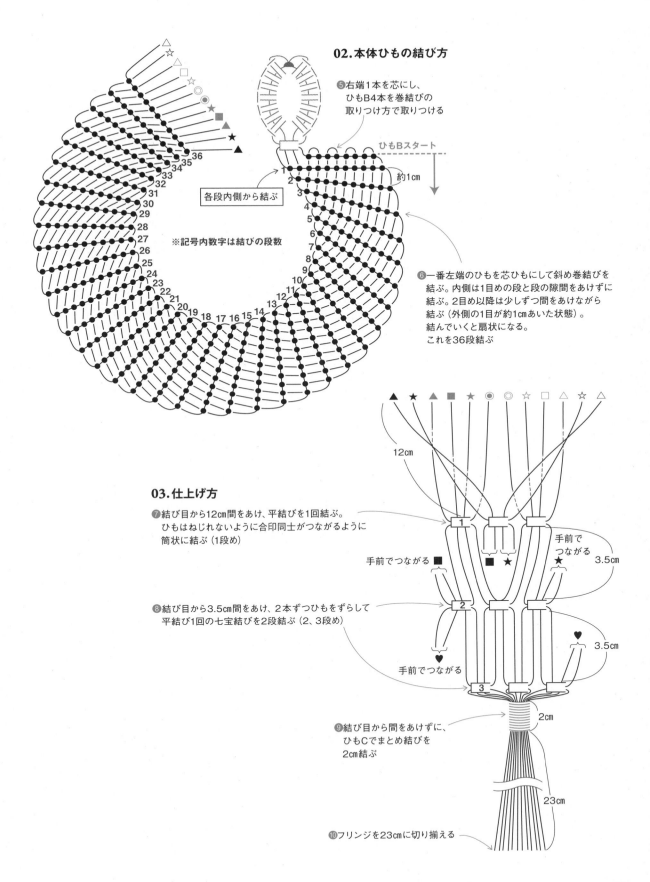

02.本体ひもの結び方

⑤右端1本を芯にし、
ひもB4本を巻結びの
取りつけ方で取りつける

ひもBスタート

約1cm

各段内側から結ぶ

※記号内数字は結びの段数

⑥一番左端のひもを芯ひもにして斜め巻結びを
結ぶ。内側は1目めの段と段の隙間をあけずに
結ぶ。2目め以降は少しずつ間をあけながら
結ぶ（外側の1目が約1cmあいた状態）。
結んでいくと扇状になる。
これを36段結ぶ

03.仕上げ方

⑦結び目から12cm間をあけ、平結びを1回結ぶ。
ひもはねじれないように合印同士がつながるように
筒状に結ぶ（1段め）

12cm

手前でつながる■

手前で
つながる★

3.5cm

■ ★

⑧結び目から3.5cm間をあけ、2本ずつひもをずらして
平結び1回の七宝結びを2段結ぶ（2、3段め）

手前でつながる♥

3.5cm

⑨結び目から間をあけずに、
ひもCでまとめ結びを
2cm結ぶ

2cm

23cm

⑩フリンジを23cmに切り揃える

20 3本吊りのプラントハンガー (→P.40)
22 ミニチュアプラントハンガー (→P.42)

20 size：長さ54cm／フリンジ30cm

22 size：長さ11cm／フリンジ3cm

進行方向（共通）：Bタイプ

20 材料

ひもA〜D用ビッグ未ザラシ#40 … 27m40cm（1カセ）

AGキーリング（アンティークゴールド・G1020）… 1個

22 材料（2点）

ひもA〜D用ヘンプトゥワイン細タイプ

　ライトブラウン（322）、ピュア（361）

　　… 各9m60cm（1巻）

ピアス金具（シルバー・AC1665）… 2組

結びの種類（共通）

平結び→p.105

まとめ結び→p.104

01. 本体ひもの取りつけ方

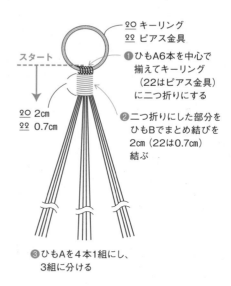

20 キーリング
22 ピアス金具

❶ひもA6本を中心で揃えてキーリング（22はピアス金具）に二つ折りにする

スタート

20 2cm
22 0.7cm

❷二つ折りにした部分をひもBでまとめ結びを2cm（22は0.7cm）結ぶ

❸ひもAを4本1組にし、3組に分ける

02. 本体ひもの結び方

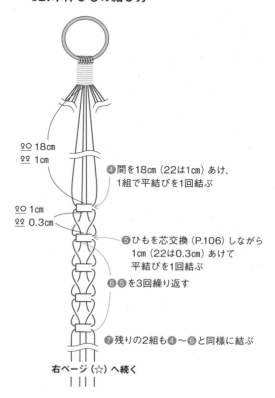

20 18cm
22 1cm

❹間を18cm（22は1cm）あけ、1組で平結びを1回結ぶ

20 1cm
22 0.3cm

❺ひもを芯交換（P.106）しながら1cm（22は0.3cm）あけて平結びを1回結ぶ

❻❺を3回繰り返す

❼残りの2組も❹〜❻と同様に結ぶ

右ページ（☆）へ続く

20 ひもの長さと本数

	長さ	本数
ひもA （本体ひも）	285cm	6本
ひもB （まとめ結び用）	50cm	1本
ひもC （足しひも）	150cm	6本
ひもD （まとめ結び用）	80cm	1本

22 ひもの長さと本数

	長さ	本数
ひもA （本体ひも）	100cm	6本
ひもB （まとめ結び用）	30cm	1本
ひもC （足しひも）	50cm	6本
ひもD （まとめ結び用）	30cm	1本

※記号内数字は結びの段数

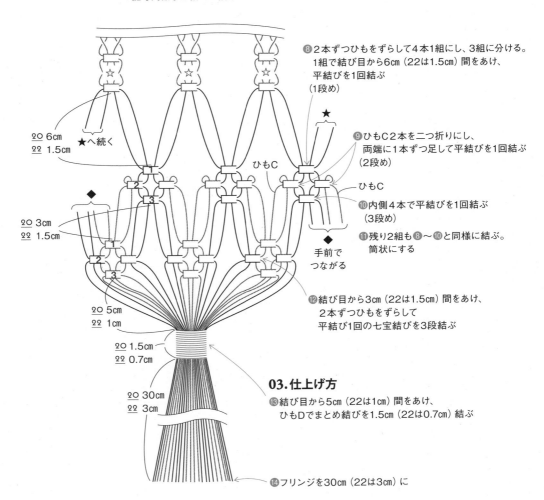

❽2本ずつひもをずらして4本1組にし、3組に分ける。
　1組で結び目から6cm（22は1.5cm）間をあけ、
　平結びを1回結ぶ
　（1段め）

20 6cm
22 1.5cm
★へ続く

❾ひもC2本を二つ折りにし、
　両端に1本ずつ足して平結びを1回結ぶ
　（2段め）

ひもC

ひもC

❿内側4本で平結びを1回結ぶ
　（3段め）

⓫残り2組も❽〜❿と同様に結ぶ。
　筒状にする

20 3cm
22 1.5cm

手前で
つながる

20 5cm
22 1cm

⓬結び目から3cm（22は1.5cm）間をあけ、
　2本ずつひもをずらして
　平結び1回の七宝結びを3段結ぶ

20 1.5cm
22 0.7cm

03.仕上げ方

⓭結び目から5cm（22は1cm）間をあけ、
　ひもDでまとめ結びを1.5cm（22は0.7cm）結ぶ

20 30cm
22 3cm

⓮フリンジを30cm（22は3cm）に

23 ウォールシェルフ (→P.46)

size : 40×45cm／フリンジ16cm

進行方向：Dタイプ

材料

ひもA～E、G用ビッグ未ザラシ#70 … 56m60cm（1カセ）

ひもF用モップコード4mm

　アッシュグレー（844-L）… 4m（1カセ）

白木バー45cm（MA 2283）… 1本

プラントハンガーシェルフボード（MA 2164）… 1枚

結びの種類

コブありの取りつけ方→p.104／平結び→p.105／斜め巻結び→p.109／
左上ねじり結び→p.107／まとめ結び→p.104／ひと結び→p.105／本結び→p.105

ひもの長さと本数

	長さ	本数
ひもA（吊るしひも）	180cm	24本
ひもB（吊るしひも）	160cm	2本
ひもC（吊るしひも）	340cm	2本
ひもD（タッセルひも）	40cm	4本
ひもE（まとめ結び用）	50cm	2本
ひもF（フリンジひも）	25cm	16本
ひもG（下げひも）	80cm	1本

01. 本体ひもの取りつけ方

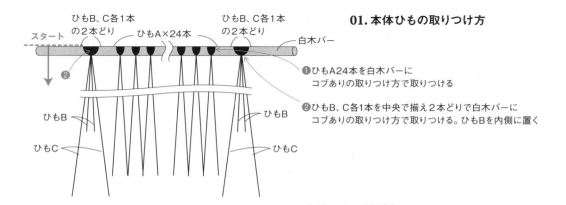

❶ひもA24本を白木バーに
コブありの取りつけ方で取りつける

❷ひもB、C各1本を中央で揃え2本どりで白木バーに
コブありの取りつけ方で取りつける。ひもBを内側に置く

02. 本体ひもの結び方　※数字は結びの段数

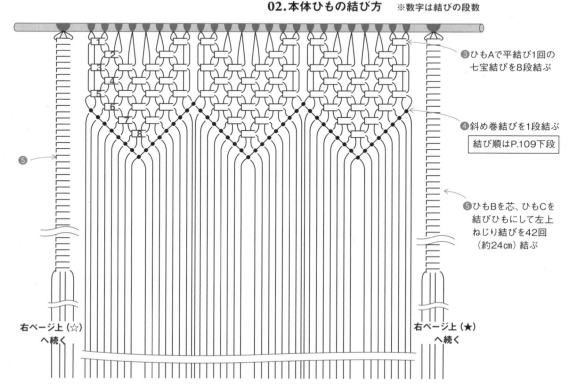

❸ひもAで平結び1回の
七宝結びを8段結ぶ

❹斜め巻結びを1段結ぶ

結び順はP.109下段

❺ひもBを芯、ひもCを
結びひもにして左上
ねじり結びを42回
（約24cm）結ぶ

右ページ上（☆）
へ続く

右ページ上（★）
へ続く

03.仕上げ方

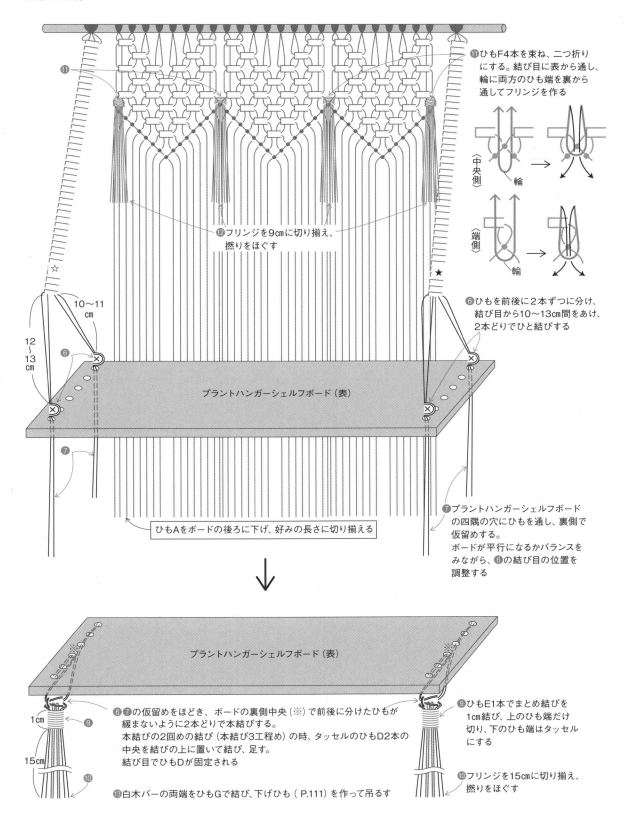

⑪ひもF4本を束ね、二つ折りにする。結び目に表から通し、輪に両方のひも端を裏から通してフリンジを作る

《中央側》　輪

《端側》　輪

⑫フリンジを9cmに切り揃え、撚りをほぐす

⑥ひもを前後に2本ずつに分け、結び目から10〜13cm間をあけ、2本どりでひと結びする

10〜11cm

12〜13cm

⑥

☆

★

プラントハンガーシェルフボード（表）

⑦

ひもAをボードの後ろに下げ、好みの長さに切り揃える

⑦プラントハンガーシェルフボードの四隅の穴にひもを通し、裏側で仮留めする。
ボードが平行になるかバランスをみながら、⑥の結び目の位置を調整する

プラントハンガーシェルフボード（表）

⑧⑦の仮留めをほどき、ボードの裏側中央（※）で前後に分けたひもが緩まないように2本どりで本結びする。
本結びの2回めの結び（本結び3工程め）の時、タッセルのひもD2本の中央を結びの上に置いて結び、足す。
結び目でひもDが固定される

⑬白木バーの両端をひもGで結び、下げひも（P.111）を作って吊るす

1cm　⑨

15cm　⑩

⑨ひもE1本でまとめ結びを1cm結び、上のひも端だけ切り、下のひも端はタッセルにする

⑩フリンジを15cmに切り揃え、撚りをほぐす

<u>24</u> プラントタペストリー 〈 トリプル 〉(→P.48)
<u>25</u> プラントタペストリー 〈 シングル 〉(→P.49)

size(共通): 高さ33cm／フリンジ20cm

進行方向(共通):D→Bタイプ

<u>24</u> 材料
ひもA〜C用ビッグ未ザラシ#40 … 96m90cm(2カセ)
白木バー45cm(MA 2283)… 1本

<u>25</u> 材料
ひもA〜C用ビッグ未ザラシ#40 … 32m40cm(1カセ)
市販の直径約2cm、長さ30cmの流木 … 1本

結びの種類(共通)
コブありの取りつけ方→p.104
左上ねじり結び→p.107
右上ねじり結び→p.107
平結び→p.105
まとめ結び→p.104

01. 本体ひもの取りつけ方

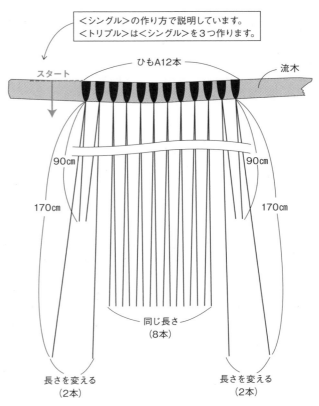

〈シングル〉の作り方で説明しています。
〈トリプル〉は〈シングル〉を3つ作ります。

スタート

ひもA12本

流木

90cm　90cm

170cm　170cm

同じ長さ
(8本)

長さを変える
(2本)　　長さを変える
(2本)

❶ひもA12本を流木(24は白木バー)に
コブありの取りつけ方で取りつける。
左右のひも各2本は差をつけて二つ折りして
取りつける

ひもの長さと本数

	長さ	<u>24</u> 本数	<u>25</u> 本数
ひもA (本体ひも)	260cm	36本	12本
ひもB (まとめ結び用)	60cm	3本	1本
ひもC (下げひも)		150cm1本	60cm1本

02.本体ひもの結び方　　※記号内数字は結びの段数

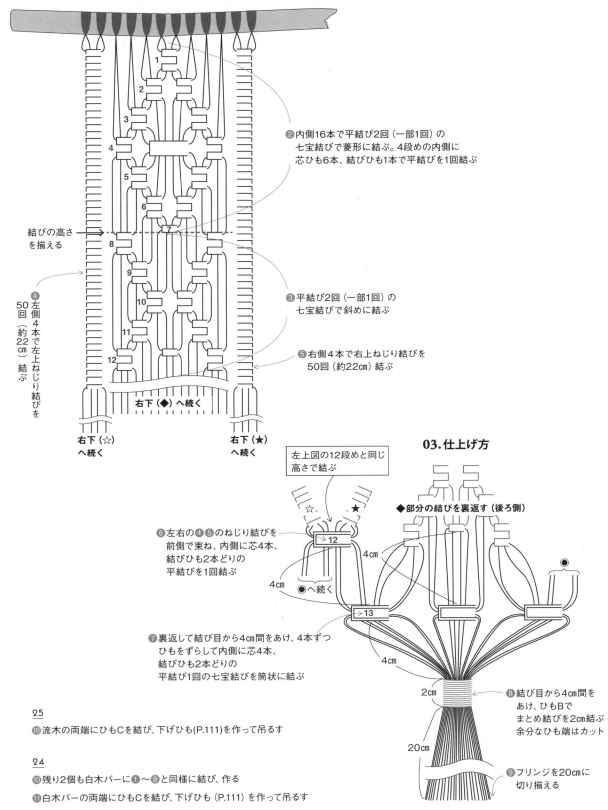

結びの高さ
を揃える →

❹左側4本で左上ねじり結びを50回（約22㎝）結ぶ

右下（☆）へ続く

右下（◆）へ続く

右下（★）へ続く

❷内側16本で平結び2回（一部1回）の
七宝結びで菱形に結ぶ。4段めの内側に
芯ひも6本、結びひも1本で平結びを1回結ぶ

❸平結び2回（一部1回）の
七宝結びで斜めに結ぶ

❺右側4本で右上ねじり結びを
50回（約22㎝）結ぶ

左上図の12段めと同じ
高さで結ぶ

❻左右の❹❺のねじり結びを
前側で束ね、内側に芯4本、
結びひも2本どりの
平結びを1回結ぶ

●へ続く

❼裏返して結び目から4㎝間をあけ、4本ずつ
ひもをずらして内側に芯4本、
結びひも2本どりの
平結び1回の七宝結びを筒状に結ぶ

03.仕上げ方

◆部分の結びを裏返す（後ろ側）

4㎝

4㎝

2㎝

20㎝

❽結び目から4㎝間を
あけ、ひもBで
まとめ結びを2㎝結ぶ
余分なひも端はカット

❾フリンジを20㎝に
切り揃える

<u>25</u>
❿流木の両端にひもCを結び、下げひも（P.111）を作って吊るす

<u>24</u>
❿残り2個も白木バーに❶〜❾と同様に結び、作る
⓫白木バーの両端にひもCを結び、下げひも（P.111）を作って吊るす

95

26 ポケットつきウォールネット （→P.50）

size: 54×55cm／フリンジ15cm

進行方向：Dタイプ

材料

ひもA～H用コットンスペシャル4.0mm
　生成（1041）… 73m90cm（3カセ）
市販のバー60cm … 2本
プチカラビナ（S1048）… 6個

結びの種類（共通）

コブなしの取りつけ方→p.104／巻結びの取りつけ方→p.104
平結び→p.105／横巻結び→p.108／
まとめ結び→p.104／ひと結び→p.105

ひもの長さと本数

	長さ	本数
ひもA（本体ひも）	280cm	16本
ひもB（本体ひも）	230cm	2本
ひもC（まとめ結び用）	60cm	9本
ひもD（ポケットひも）	120cm	2本
ひもE（ポケットひも）	100cm	2本
ひもF（ポケットひも）	105cm	12本
ひもG（まとめ結び用）	60cm	2本
ひもH（下げひも）	90cm	1本

01. 本体ひもの取りつけ方

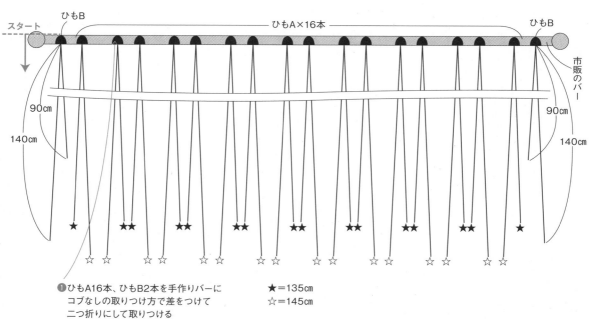

❶ひもA16本、ひもB2本を手作りバーに
コブなしの取りつけ方で差をつけて
二つ折りにして取りつける

★＝135cm
☆＝145cm

02.本体ひもの結び方

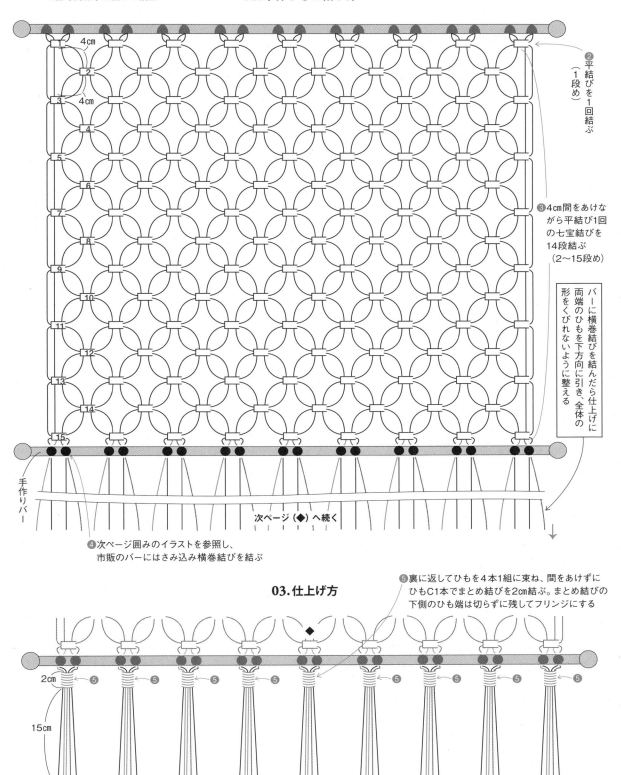

②平結びを1回結ぶ（1段め）

③4㎝間をあけながら平結び1回の七宝結びを14段結ぶ（2～15段め）

バーに横巻結びを結んだら仕上げに両端のひもを下方向に引き、全体の形をくびれないように整える

手作りバー

④次ページ囲みのイラストを参照し、市販のバーにはさみ込み横巻結びを結ぶ

次ページ（◆）へ続く

03.仕上げ方

⑤裏に返してひもを4本1組に束ね、間をあけずにひもC1本でまとめ結びを2㎝結ぶ。まとめ結びの下側のひも端は切らずに残してフリンジにする

2㎝

15㎝

◆

⑥フリンジを15㎝に切り揃える

97

04. ポケットの結び方

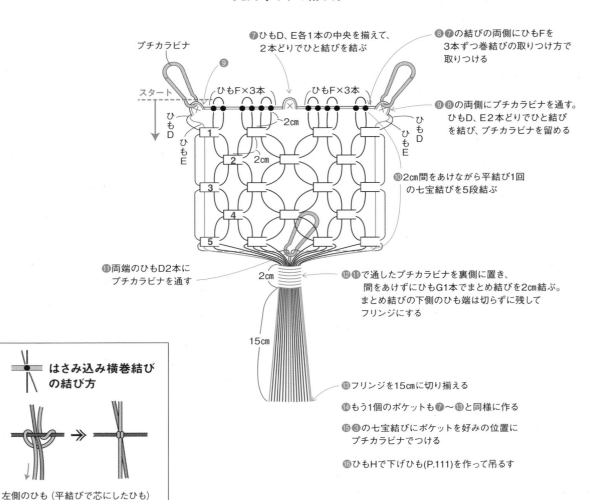

プチカラビナ

スタート

❼ひもD、E各1本の中央を揃えて、
2本どりでひと結びを結ぶ

❽❼の結びの両側にひもFを
3本ずつ巻結びの取りつけ方で
取りつける

ひもF×3本　　ひもF×3本

2cm

❾❽の両側にプチカラビナを通す。
ひもD、E2本どりでひと結び
を結び、プチカラビナを留める

ひもD
ひもE

1

2　2cm

3

ひもD
ひもE

❿2cm間をあけながら平結び1回
の七宝結びを5段結ぶ

4

5

⓫両端のひもD2本に
プチカラビナを通す

2cm

⓬⓫で通したプチカラビナを裏側に置き、
間をあけずにひもG1本でまとめ結びを2cm結ぶ。
まとめ結びの下側のひも端は切らずに残して
フリンジにする

15cm

⓭フリンジを15cmに切り揃える

⓮もう1個のポケットも❼〜⓭と同様に作る

⓯⓭の七宝結びにポケットを好みの位置に
プチカラビナでつける

⓰ひもHで下げひも(P.111)を作って吊るす

**はさみ込み横巻結び
の結び方**

左側のひも（平結びで芯にしたひも）
をはさんで横巻結びを結ぶ

**はさみ込み横巻結び
の結び方**

右側のひも（平結びで芯にしたひも）
をはさんで横巻結びを結ぶ

21 2本吊りのプラントハンガー （→P.40）

size：高さ54cm／フリンジ32cm

進行方向：Bタイプ

材料

ひもA、B用コットンスペシャル3.0mm
　生成（1021）… 23m40cm（1カセ）
ウッドリング外径60mm（白木・MA 2261）… 1個

結びの種類

コブありの取りつけ方→p.104／斜め巻結び→p.109
平結び→p.105／まとめ結び→p.104

ひもの長さと本数

	長さ	本数
ひもA （本体ひも）	280cm	8本
ひもB （まとめ結び用）	100cm	1本

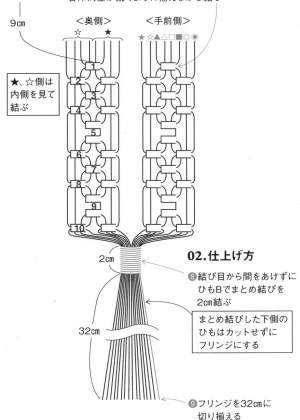

⑦結び目から9cm間をあけ、平結び1回（一部2回）の
七宝結びを10段結ぶ。ひもはねじれないように
合印同士が続くように揃えながら結ぶ

9cm

<奥側>　　<手前側>
☆　★　　★ ☆▲△■●◎

★、☆側は
内側を見て
結ぶ

1 2 3 4 5 6 7 8 9 10

02.仕上げ方

2cm

⑧結び目から間をあけずに
ひもBでまとめ結びを
2cm結ぶ

まとめ結びした下側の
ひもはカットせずに
フリンジにする

32cm

⑨フリンジを32cmに
切り揃える

01. 本体ひもの取りつけ方、結び方
※記号内数字は結びの段数

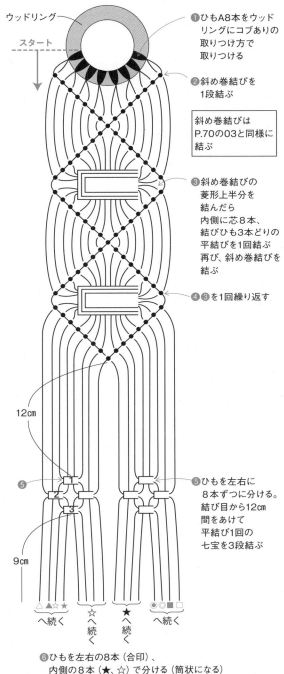

ウッドリング

スタート

①ひもA8本をウッド
リングにコブありの
取りつけ方で
取りつける

②斜め巻結びを
1段結ぶ

斜め巻結びは
P.70の03と同様に
結ぶ

③斜め巻結びの
菱形上半分を
結んだら
内側に芯8本、
結びひも3本どりの
平結びを1回結ぶ
再び、斜め巻結びを
結ぶ

④③を1回繰り返す

12cm

⑤ひもを左右に
8本ずつに分ける。
結び目から12cm
間をあけて
平結び1回の
七宝を3段結ぶ

9cm

1 2 3

△●▲★ ☆ ★ ●◎■□
へ続く ☆へ続く ★へ続く へ続く

⑥ひもを左右の8本（合印）、
内側の8本（★、☆）で分ける（筒状になる）

27 間仕切りカーテン (→P.14)

size: 165×85cm

進行方向：Dタイプ

材料

ひもA〜G用ビッグ未ザラシ#40 … 424m60cm（6カセ）
市販のバー90cm（直径約2cm）… 1本

結びの種類（共通）

平結び→p.105
左上ねじり結び→p.107
右上ねじり結び→p.107

❸❶のループの左右の指定の位置にひもB〜Gを
二つ折りにし、1本ずつ足して平結びを1回結ぶ。
まずは▨部分を結び、10個分作る。続けて高さを
揃えて並べ、結んで全体をつなげる。
菱形に平結び1回（一部2回）の七宝結びを35段結ぶ。
途中、左上ねじり結び、右上ねじり結びを指定の位置、
回数で結ぶ

❹左上ねじり結び、右上ねじり結び
を指定の位置、回数で結ぶ

ひもの長さと本数

	長さ	本数
ひもA	440cm	22本
ひもB	400cm	30本
ひもC	480cm	8本
ひもD	460cm	10本
ひもE	390cm	20本
ひもF	380cm	10本
ひもG	370cm	2本

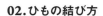

02.ひもの結び方

※記号内数字は結びの段数

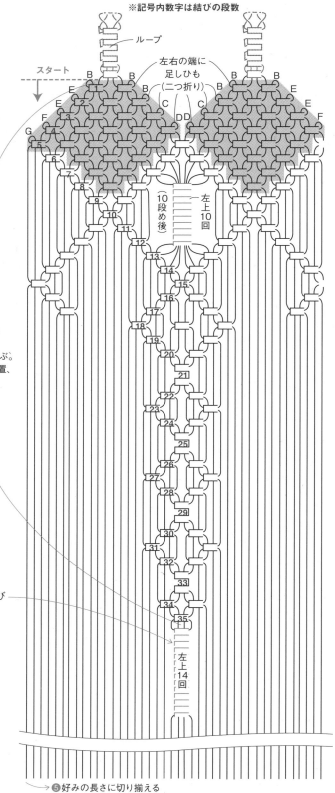

ループ

左右の端に
足しひも
（二つ折り）

スタート

左上
10
回

（10段め後）

左上
14
回

❺好みの長さに切り揃える

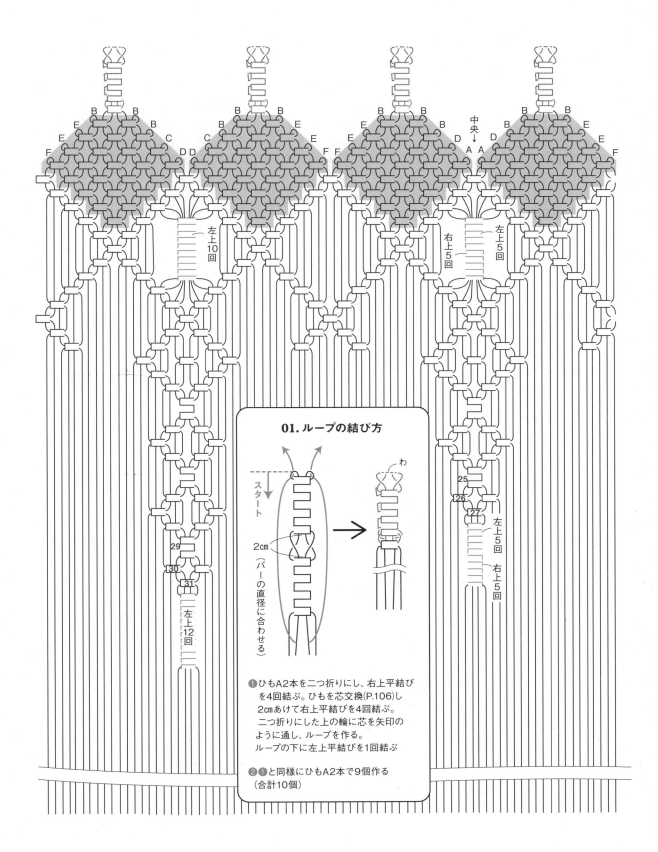

01. ループの結び方

スタート

2cm
（バーの直径に
合わせる）

わ

❶ ひもA2本を二つ折りにし、右上平結び
を4回結ぶ。ひもを芯交換（P.106）し
2cmあけて右上平結びを4回結ぶ。
二つ折りにした上の輪に芯を矢印の
ように通し、ループを作る。
ループの下に左上平結びを1回結ぶ

❷ ❶と同様にひもA2本で9個作る
（合計10個）

11 エアプランツハンガー （→P.23）

size：高さ54cm／フリンジ22cm

進行方向：Aタイプ

材料

ひもA〜E用ジュートコード 細タイプ
　生成（381）… 22m60cm（1カセ）
ウッドリング外径44mm（白木・MA 2260）… 1個
ウッドリング外径60mm（白木・MA 2261）… 3個
マクラメウッドビーズ丸玉25mm（生成・MA 2204）… 1個

ひもの長さと本数

	長さ	本数
ひもA（本体ひも）	410cm	3本
ひもB（本体ひも）	410cm	2本
ひもC（割ひも）	30cm	1本
ひもD（まとめ結び用）	80cm	1本
ひもE（まとめ結び用）	100cm	1本

※割ひもとは、撚ったひもの細い1本のこと

結びの種類

左右結び→p.108／まとめ結び→p.104／本結び→p.105

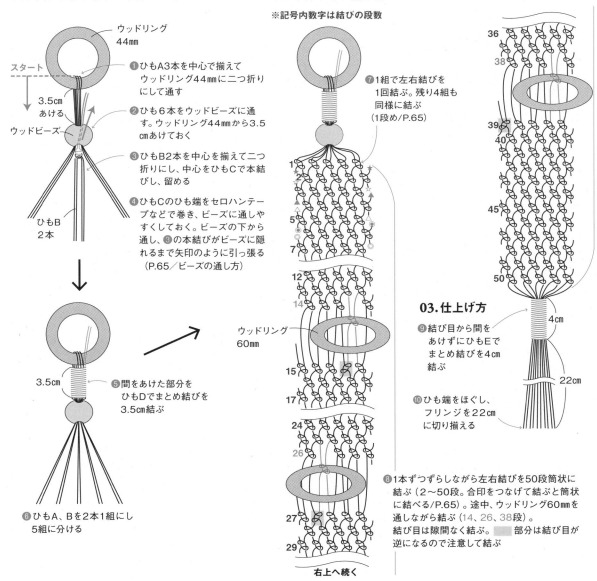

01. 本体ひもの取りつけ方

ウッドリング
44mm

スタート

3.5cm
あける

ウッドビーズ

ひもB
2本

❶ひもA3本を中心で揃えて
　ウッドリング44mmに二つ折り
　にして通す

❷ひも6本をウッドビーズに通
　す。ウッドリング44mmから3.5
　cmあけておく

❸ひもB2本を中心を揃えて二つ
　折りにし、中心をひもCで本結
　びし、留める

❹ひもCのひも端をセロハンテー
　プなどで巻き、ビーズに通しや
　すくしておく。ビーズの下から
　通し、❸の本結びがビーズに隠
　れるまで矢印のように引っ張る
　（P.65／ビーズの通し方）

3.5cm

❺間をあけた部分を
　ひもDでまとめ結びを
　3.5cm結ぶ

❻ひもA、Bを2本1組にし
　5組に分ける

02. 本体ひもの結び方

※記号内数字は結びの段数

❼1組で左右結びを
　1回結ぶ。残り4組も
　同様に結ぶ
　（1段め／P.65）

ウッドリング
60mm

❽1本ずつずらしながら左右結びを50段筒状に
　結ぶ（2〜50段。合印をつなげて結ぶと筒状
　に結べる／P.65）。途中、ウッドリング60mmを
　通しながら結ぶ（14、26、38段）。
　結び目は隙間なく結ぶ。▨部分は結び目が
　逆になるので注意して結ぶ

右上へ続く

03. 仕上げ方

❾結び目から間を
　あけずにひもEで
　まとめ結びを4cm
　結ぶ

4cm

22cm

❿ひも端をほぐし、
　フリンジを22cm
　に切り揃える

記号と結び方

コブなしの取りつけ方

❶結びひもを二つ折り
にし、芯の後ろに置く。
輪を前に倒す

❷ひも両端を輪の
中から引き出し、
引き締める

❸でき上がり

コブありの取りつけ方 LESSON →P.60

❶結びひもを二つ折り
にし、芯の後ろに置く。
ひも両端を輪の中に通す

❷ひもを引き締める

❸でき上がり

巻結びの取りつけ方

❶結びひもを二つ折りにし、
芯の後ろに置く。
中心を前に倒す

❷ひもの両端を輪の
中から引き出す

❸ひもの端をそれぞれ
手前から芯にかけ、
輪の中から引き出す

❹引き締める

❺でき上がり

まとめ結び

LESSON
→P.31

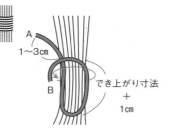  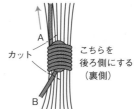

❶まとめたいひもに別のひもを折って
輪が下になるように重ね、ぐるぐると
きつめに巻きつける

❷指定の寸法分を巻いたら
下の輪にひも端Bを通す

❸ひも端Aを上に引くと
下の輪が巻いたひもに入り、
固定される。A、Bの根元でカットする

共糸まとめ結び

LESSON
→P.17

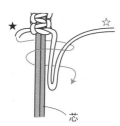 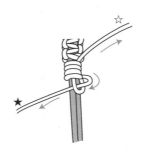 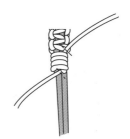

❶結びひもを図のように1本だけ
折り、もう1本のひも端(★)
を巻いていく

❷指定の長さ巻いたら折った下の輪に
ひも端(★)を通し、上のひも端(☆)
を引いて引き締める

❸結びひものひも端を
ギリギリで切る

ひと結び  LESSON →P.31

❶輪を作り、ひも端
を輪に通す

❷端を引っぱる

1本　2本以上

❸ひもが2本以上の
場合は必要本数を
束ねてひと結びする

コイル巻き

❶ひもをぐるりと
2回巻きつけて結ぶ

❷ひもを引きしめる

❸できあがり

本結び

❶図のようにひもをのせて、
矢印のようにかけて結ぶ

❷引き締める

❸図のようにひもをのせて、
もう1回結ぶ

❹でき上がり

平結び（左上平結び） 1回　LESSON →P.16

＊❶〜❹をくり返すと

1.5回 3回
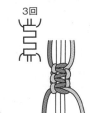

❶左側のひもから①、②
の順で交差させる

❷ひもを左右に引く

❸右側のひもから①、②
の順で交差させる

❹ひもを左右に引く。
左上平結び1回
でき上がり

❶、❷をもう一度
くり返すと平結び
1.5回ができる

結び目が
平らに連なる

右上平結び 1回

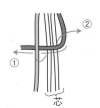
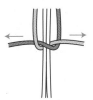
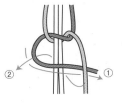

❶右側のひもから①、②
の順で交差させる

❷ひもを左右に引く

❸左側のひもから①、②
の順で交差させる

❹ひもを左右に引く。
右上平結び1回
でき上がり

＊平結びの足し方

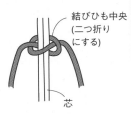

結びひも中央
（二つ折り
にする）

芯

芯の下に足しひもを
中央に合わせて置き、
二つ折りにして結び始める
（図は平結び❷の工程まで
結んだ状態）

＊端の芯交換の仕方

指定の長さ

芯

芯

❶結びひもにしていたひもを図のよう
　に交差して内側に置き、芯にし
　ていたひもを交差して外側に置く。
　内側2本を芯にして指定の長さを
　あけて平結びを1回結ぶ

❷芯と結びひもを交差して
　入れかえながら同様に結んでいく。
　結びの回数は作品によって異なる

＊平結びの七宝結び　(LESSON) →P.63

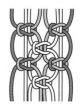

芯　芯

芯

❶芯を2本にして
　平結びを左右に
　1回ずつ結ぶ

❷結びひもにしていた
　ひもを芯にして
　中央の4本で平結び
　をする

❸同様に芯をずらし
　ながら結んでいく

❹七宝模様ができる。
　デザインによって
　段数、結びの回数
　は異なる

＊七宝結び〜筒状に結ぶ方法〜

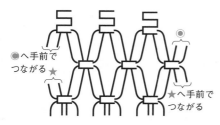

◉へ手前で
つながる

★へ手前で
つながる

吊り部分

芯　芯　芯

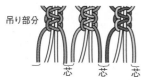

❶吊り部分3本を隣同士並べて
　置く。結びひもにしていた
　2本を芯にする

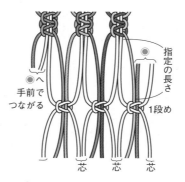

◉へ
手前で
つながる

指定の長さ

1段め

芯　芯　芯

❷上の結びとの間を指定の長さ
　あけて平結びを1回結ぶ。
　結んでいくと自然と筒状になる。
　続けて隣同士の結びひもにしていた
　2本を芯にする

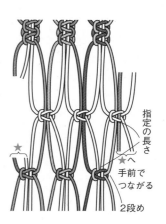

★へ

指定の
長さ

★へ
手前で
つながる

2段め

❸上の結びとの間を指定の長さ
　あけて平結びを1回結ぶ。
　結びの回数、段の数は作品に
　よって異なる

並列平結び（6本）

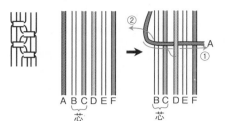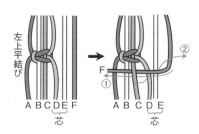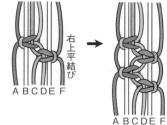

①ひもを6本並べる。左の4本でAとD
　を結びひもにして左上平結びを1回結ぶ

②右の4本でCとFを結びひもにして
　右上平結びを1回結ぶ

③ひもを引きすぎないように1、2を
　繰り返し結ぶ

平結び3回のしゃこ結び

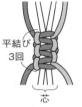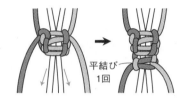

①平結びを3回結ぶ

②芯をかぎ針や鉗子を
　使って上の芯と
　結びひもの間に通す

③芯を下に引き、結び部分を巻き上げて
　玉状にする。玉の下に平結びを1回結ぶ

④芯を持ち、結び目を
　上に引き上げる。
　でき上がり

左上ねじり結び

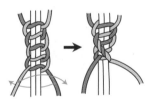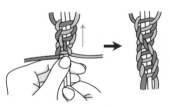

①左側のひもから①、②の
　順で交差させる

②ひもを左右に引く。
　左上ねじり結び1回

③1、2を繰り返す。約5回結ぶと
　結び目がねじれてくるので左右の
　ひもを入れかえる

④結び目を上に詰める

右上ねじり結び

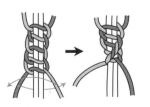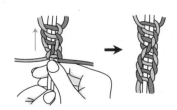

①右側のひもから①、②の
　順で交差させる

②ひもを左右に引く。
　右上ねじり結び1回

③1、2を繰り返す。約5回結ぶと
　結び目がねじれてくるので左右の
　ひもを入れかえる

④結び目を上に詰める

左輪結び 　　右輪結び 　　左右結び

❶右側の芯に結びひもを
　左から巻く。
　これで左輪結び1回

❷左側の芯に結びひもを
　右から巻く。
　これで右輪結び1回

❶左のひもを芯にし、
　右のひもを巻く

❷右のひもを芯にし、
　左のひもを巻く。
　これで左右結び1回

❸❶、❷をくり返す
　※1回ごとにしっかり
　引き締める

巻結びの記号の見方

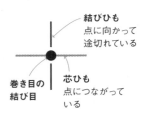

結びひも
点に向かって
途切れている

**巻き目の
結び目**

芯ひも
点につながって
いる

横巻結び

 左から右に向かって巻く場合

❶芯をピンと横に張り、
　結びひもを縦に置いて
　芯に下、上、下と巻き、
　引き締める

❷続けて矢印のように
　芯の上、下と巻いたら
　下の輪に通す

❸下側の結びひもを
　引き締める

❹1回でき上がり

❺結び目を増やす場合は
　続けて右隣に結び目を
　作っていく

 右から左に向かって巻く場合

❶芯をピンと横に張り、
　結びひもを縦に置いて
　芯に下、上、下と巻き、
　引き締める

❷続けて矢印のように
　芯の上、下と巻いたら
　下の輪に通す

❸下側の結びひもを
　引き締める

❹1回でき上がり

❺結び目を増やす場合は
　続けてを左隣に結び目を
　作っていく

斜め巻結び LESSON →P.66

右下に向かう場合

    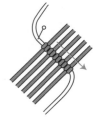

❶芯をピンと斜めに張り、結びひもを置いて芯に下、上、下と巻き、引き締める

❷続けて矢印のように芯の上、下と巻いたら下の輪に通す

❸下側の結びひもを引き締める

❹1回でき上がり

❺結び目を増やす場合は結びひもを右側に足していく

左下に向かう場合

  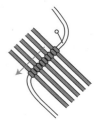

❶芯をピンと斜めに張り、結びひもを置いて芯に下、上、下と巻き、引き締める

❷続けて矢印のように芯の上、下と巻いたら下の輪に通す

❸下側の結びひもを引き締める

❹1回でき上がり

❺結び目を増やす場合は結びひもを左側に足していく

＊ジグザグに結ぶ場合

 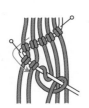

芯を折り返しながらジグザグになるように結ぶ

＊段数を斜めに増やす場合

 →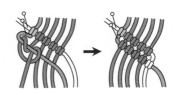

芯になるひもが1段ごとに変わる。
前段で芯だったひもが次の段では結びひもになる

＊中央をクロスで結ぶ場合

左右からそれぞれ斜め巻結びを2回ずつ結ぶ。
中央部分は芯2本のうち左側の1本を結びひもにして
「左下に向かって巻く場合」で1回結ぶ（この記号の場合）

左タッチング結び

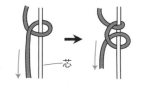

❶右側の芯に結びひもを左から巻き、
上から下に通し引き締める。
続けて下から上に通し引き締める

❷左に結びひもが出る。
1回でき上がり

*❶、❷をくり返すと

結び目を引き締めながら
結びと結びの間をすき間なく結ぶ

右タッチング結び

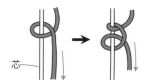

❶左側の芯に結びひもを右から巻き、
上から下に通し引き締める。
続けて下から上に通し引き締める

❷右に結びひもが出る。
1回でき上がり

*❶、❷をくり返すと

結び目を引き締めながら
結びと結びの間をすき間なく結ぶ

四つだたみ

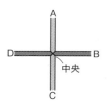 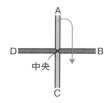 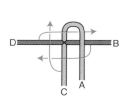 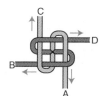

❶ひも2本を中央で重ねる
又は4本のひもを開いて
十字におく

❷右回りにひもを重ねて
いく。AをBに重ねる

❸同様にBをCに、CをDに
重ねて、最後のDはAを重ねた
ときにできた輪に通す

❹四方にひっぱり
引きしめる

❺できあがり

叶結び

❶ひも中心で二つ折り、または
2本のひもでBを上にして
交差する。Bを矢印のように
Aの下に輪をつくり、置く

❷Aを矢印のようにBの輪の
下に通し、上から折り返して
輪に通す

❸上下のひもを引き締め、
結びの形を整える

❹でき上がり

下げひもの作り方（本結び）

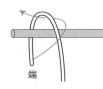

端

❶バーの片端を
下げひもで
1回結ぶ

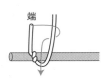

端

❷ひも端をさらに
くぐらせて結ぶ

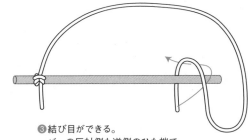

❸結び目ができる。
バーの反対側も逆側のひも端で
①〜②と同様に結ぶ

作品制作　※五十音、アルファベット順

塚原裕子

中村道子

野上京子

aya kurata

ayumin/FiberArt

Kazumin Fiber Art

marchen art studio

Miya

trico

Uri

撮影協力　AWABEES
　　　　　　& VINTAGE

マクラメ
ハンギングの教科書

2023年9月6日　初版第1刷発行

発行者　澤井聖一
発行所　株式会社エクスナレッジ
〒106-0032　東京都港区六本木7-2-26
https://www.xknowledge.co.jp/

問合わせ先
[編集]
TEL 03-3403-6796　FAX 03-3403-0582
info@xknowledge.co.jp
[販売]
TEL 03-3403-1321　FAX 03-3403-1829